KB179028

노자가 들려주는
도 이야기

노자가 들려주는
도 이야기

ⓒ 박소정, 2006

초판 1쇄 발행일 2006년 9월 7일
초판 15쇄 발행일 2022년 6월 3일

지은이   박소정
그림   이유리
펴낸이   정은영
펴낸곳   (주)자음과모음

출판등록   2001년 11월 28일 제2001-000259호
주소   10881 경기도 파주시 회동길 325-20
전화   편집부 (02)324-2347, 총무부 (02)325-6047
팩스   편집부 (02)324-2348, 총무부 (02)2648-1311
e-mail   jamoteen@jamobook.com

ISBN 978-89-544-1958-1 (64100)

• 잘못된 책은 교환해드립니다.

노자가 들려주는
도 이야기

박소정 지음

|주|자음과모음

책머리에

아이를 키우면서 '어린이들은 모두 철학자구나' 하고 느낀 적이 많았습니다. 하루하루 살아가면서 대부분의 어른들이 덮어 버리고 마는 질문들을, 자라나는 어린이들은 지칠 줄 모르고 끊임없이 던집니다. 세상에서 벌어지는 갖가지 모습들에 대해 순간순간 신기해하고 놀라워하며, 근원적인 문제에 대한 물음을 겁내지 않는다는 점에서 어린이들은 철학자입니다.

우리도 어린아이였습니다. 아이들의 이야기에 귀를 기울이고 아이들의 눈높이에 맞추어 답하려 할 때, 그 어느 때보다도 진지해지고 즐거워지는 것은 저만의 경험은 아닐 듯싶습니다. 처음에 어린이들을 위한 철학 책을 만든다는 말을 듣고 설렜던 것은 이러한 이유 때문이었던 것 같습니다.

노자는 보이지 않는 것에 대해 말하고자 하는 철학자입니다. 그래서 언뜻 들었을 때는 도무지 알 수 없는 알쏭달쏭한 말만 하고 있는 것처럼 보입니다. 하지만 한걸음만 더 나아가서 생각해 보세요.

　나무의 뿌리는 우리 눈에 잘 보이지 않지만 땅속 깊이 존재하고 있을 뿐더러 뿌리가 튼튼해야 아름드리나무가 싱그럽게 자라날 수 있듯이, 우리가 보고 들을 수 있는 것만으로 세상을 판단해서는 안 됩니다. 눈앞에 보이는 것만이 전부가 아니라 그것들 사이에 보이지 않는 원리가 흐르고 있음을 느끼기 시작하면 생각하는 것이 훨씬 재미있어질 겁니다. 이것과 저것의 관계에 대해 깊이 생각하게 되고 자기 자신에 대해서도 제대로 알고 싶어질 것입니다.

　이 책에서 주인공 선우가 말한 '좋은 것이 있으면 나쁜 것도 생겨난다' 는 말을 곰곰이 생각하는 동안, 친구들이나 동생에 대해 너그럽게 이해하게 되고 자기 자신에 대해서도 반성을 하게 되었던 것처럼 말이지요.

　질문하는 아이들 모두가 생각하는 어른으로 자라나기는 어려울 것입니다. 커 가면서 이런저런 삶의 파도에 휩쓸리게 마련이지요. 하지만 그런 가운데에서도 자기 스스로 생각하는 힘을 길러 나간다면 어떤 상황에서도 중심을 잃지 않고 살아가는 방법을 배울 수 있을 것입니다.

　모두들 언젠가 한번쯤 던져 보았던 질문들, 자기 자신의 깊숙한 곳에서부터 우러나온 그 물음들을 놓치지 말고 따라가 보세요. 꾸준히 묻고 생각하며 자기가 좋아하는 것을 찾아내어 끝까지 이루어 가는 여러분이 되었으면 좋겠습니다.

2006년 여름

박소정

C O N T E N T S

프롤로그

손꼽아 기다리던 방학식 날, 이상하게도 아침 일찍부터 눈이 저절로 떠졌다. 엄마가 그렇게 흔들어 깨워도 일어나기 힘들었는데 말이다. 일어나자마자 바쁘게 세수를 하고 평소엔 잘 안 씻던 귀와 목덜미까지 닦았다. 그러고도 시간이 남아서 아버지가 키우시는 난초 화분에 물을 주고 베란다에 있는 동생이 키우는 토끼에게도 사료를 한 움큼 집어 주었다.

"우리 선우가 웬일이야, 해가 서쪽에서 뜨겠네."

엄마는 부르지도 않았는데 식탁 앞에 앉는 나를 보고 놀랍다는 듯 말씀하셨다.

해가 서쪽에서 뜨긴, 그런 말도 안 되는 소리…… 하긴, 이상하기도 할 거다. 나도 이상하니까. 어쨌거나 오늘은 방학식 하는 날이다. 야호, 신난다!

여느 때보다 맛있게 아침밥을 먹고 콧노래까지 흥얼거리며 학교로 향했다. 전날 내린 비로 운동장이 젖어 있어서 1학기 종업식을 겸한 방학

식은 교실에서 방송으로 진행됐다. 모두 일어나 방송에 맞춰 애국가를 부르고, 교장 선생님의 훈화 말씀을 들었다. 교장 선생님은 무슨 말씀을 그리 길게 하시는지. 그러시지 않아도 방학을 잘 보낼 수 있다고요!

지루해서 몸이 쑤시는 참에 앞에 앉은 은정이 머리에 파리가 앉은 걸 포착했다. 내가 누구인가. 백발백중 명사수 김선우 아니던가. 오른손을 뻗어 엄지와 검지를 맞물려 잡았다. 목표물과의 거리는 5센티미터이다. 자, 왼쪽 눈을 감고 조준, 발사!

"아얏!"

은정이가 비명을 질렀다. 목표물 파리는 벌써 은정이의 머리 위로 날아가고 있었다. 앗, 나의 실수이다.

"김선우, 이리 나와!"

선생님이 무서운 표정으로 말씀하셨다.

아이, 참. 그게 아닌데…… 내가 우물쭈물하고 있는 사이, 선생님이

다가와 내 귀를 잡아당겼다.

"아니, 그게 아니고요. 파리가⋯⋯."

선생님은 내 말은 들으려고도 하지 않고 잡았던 귀를 놓더니 칠판 앞으로 나가 내 이름을 하수 자리에 탁 붙이셨다. 아이들의 행동에 따라 하수, 중수, 고수, 지존, 뭐 이렇게 등급을 올리고 내리는 선생님만의 방법이었다. 하지만 방학식 날까지 그런 걸 써먹는 건 정말 너무하다.

"하수 김선우, 남아서 뒷정리하고 가. 오늘 하수는 아마 너 혼자뿐이지 않을까?"

아이들이 웃음을 터뜨렸다. 은정이가 뒤를 돌아보며 혓바닥을 쏙 내밀었다.

으이그, 은정이도 얄밉지만 선생님은 더 나쁘다. 나는 은정이의 머리에 앉은 파리를 잡아 주려 한 것뿐인데⋯⋯. 은정이도 그렇지, 그러게 평소에 머리를 잘 감고 다니면 이런 일이 없었을 거 아냐.

이런저런 원망으로 기분이 확 나빠졌다. 방학 첫날부터 정말 스타일 구겼다. 하지만 개학날 이런 일을 당하는 것보단 낫다는 생각으로 마음을 다독였다. 어쨌든 내일부턴 학교에 안 나와도 되고, 그러면 당분간은 얄미운 은정이와 야속한 선생님을 만날 일도 없는 거다.

결국 혼자 남아서 교실 청소를 다 끝내고, 누가 잡으러 오는 것도 아닌데 교문까지 한달음에 뛰어나왔다.

아, 나는 이제 자유다!

방학식 날부터 우여곡절이 많았지만 여름방학 동안만은 정말 행복했다. 여름에는 해가 길어서 늦게까지 놀아도 깜깜해지지 않았고, 한 달이 넘는 방학은 영원할 것만 같았다.

아, 그랬던 방학이 이렇게 눈앞에서 끝나 가는 것을 속수무책으로 바라보는 것은 여간 마음 아픈 일이 아니다. 초록 나뭇잎 사이로 반짝이던 햇빛은 빛을 잃었고 여름날을 축복하는 듯 듣기 좋게 우는 매미 소리가 시끄럽기만 하다. 이게 다 달력에 표시된 개학날이 하루하루 가까워지고 있기 때문인 것 같아 달력을 뒤집어 걸기도 했다.

하지만 시간이 흘러가는 것은 마찬가지였다. 밤 열두 시가 넘도록 텔레비전을 보고, 늦잠을 자고, 학원 끝나고 나서 해가 질 때까지 우진이, 형진이랑 늪지를 헤집고 다니며 모험을 즐기는 것도 이젠 끝인 것이다. 열두 살 소년의 모험과 낭만은 이젠 정말 끝이다. 아아, 게다가 난 방학 숙제도 하나도 안 했단 말이다!

어젯밤엔 숙제를 안 한 내 이마에 선생님이 '하수' 딱지를 붙이는 꿈을 꾸었다. 벌떡 일어나 보니 혓바닥을 쏙 내미는 은정이의 모습이 보이는 듯했다.

이상한 할아버지

 천지가 비롯되기 전이라 이름 붙일 수 없으나 만물을 낳는 어미인지라
'도' 라고 이름을 붙이노라.

─노자

1 으, 방학 숙제

"내 차례란 말이야! 형은 많이 했잖아."

"이 자식이, 아직 게임 안 끝났단 말이야. 마우스 만지지 마!"

한참 마지막 단계를 진행하고 있는데 동생이 방해를 하는 거야. 이 녀석은 매일 이런단 말야. 내가 컴퓨터 게임만 하려고 하면 자기 차례라고 우긴다니까. 오늘은 유난히 점수가 잘 나와 최종 레벨에 오르려던 참이었는데.

"형만 한다고 엄마한테 이를 거야!"

"잠깐만, 잠깐만! 어, 어, 야! 너 때문에 죽었잖아!"

에잇! 동생과 컴퓨터를 가지고 실랑이를 하는 통에 오늘 최고 점수가 나올 수 있었는데 다 틀어져 버렸어. 에잇, 귀찮은 녀석!

나는 화가 치밀어 올라 주먹으로 동생을 때렸어. 예상대로 동생은 엄마에게 이르러 가고…… 다음은 뻔하지, 뭐. 엄마는 또 날 붙잡고 한참 설교를 하시겠지.

이런 일은 거의 매일 있는 우리 집의 일과이다. 동생만 없었더라면 나 혼자 실컷 컴퓨터를 쓰는 건데.

"방학이라고 매일 둘이 붙어 있으면서 싸움만 할 거야? 선우, 넌 엄마하고 얘기 좀 하자."

봐, 내 말이 맞지? 우리 엄마는 화를 내거나 매를 드시진 않아. 하지만 대화를 너무 좋아하셔서 이런 일이 있을 때마다 나에게 얘기하자고 하시지. 동생에게는 그러지 않으면서…… 만날 동생 편만 들고 말이야.

엄마가 하는 얘기는 항상 뻔해. 내가 어떤 점을 잘못했는지, 왜 그런 행동을 해서는 안 되는지에 대한 내용이야. 한마디로 잔소리이지.

"선우야, 네 이름을 왜 선우라고 지었는지 너도 알잖니? 베풀 선

(宣), 도울 우(佑). 자기만 생각하지 말고 다른 사람들을 생각하면서 살았으면 좋겠다는 뜻에서 그런 이름을 지었다는 거, 우리 선우도 잘 알잖아. 엄마는 우리 선우가 이름값 하는 사람이 되었으면 좋겠어. 이름처럼 동생도 잘 보살피고 도와주면 얼마나 멋질까?"

엄마와의 대화는 대개 이렇게 시작된다. 엄마는 아직도 나를 어린아이처럼 대하시는 것 같아. 우리 선우, 우리 선우, 그러면서 매우 다정하게 말하는데, 그런 말이 좋을 때도 있지만 어떨 땐 싫을 때도 있어. 나도 이젠 다 컸다고. 그런데 아직도 어린아이 대하듯 말씀하시잖아.

이번 여름에는 우진이, 형진이와 같이 청학동 예절 캠프에도 다녀왔고, 지난번에는 시골 할머니 댁에 혼자 기차를 타고 가 본 적도 있었어. 이런 용감한 사나이를 아직도 어리게 보시다니…….

엄마는 우리 또래를 너무 모르시는 것 같아. 어디 갈 때도 꼭 데리고 가고 싶어 하시는데, 나 참, 우리가 그럴 나이야? 엄마가 나갈 때마다 치맛자락을 붙잡고 따라나서는 동생 녀석이나 어린애지, 나는 아니라고. 더군다나 우리 엄마는 이렇게 다 큰 아들한테 뽀뽀까지 하려고 한다니까!

"엄마는 우리 선우가 화를 다스릴 줄 알았으면 좋겠어. 화가 난다고 해서 자신의 기분대로 행동하는 것은 좋지 않아. 화가 날 때 그 상황을 한 번만 더 생각해 보는 건 어떨까?"

'그런 건 나도 알아요. 그렇지만 화가 나는 걸 어떻게 참아요?'

나는 속으로 중얼거렸어.

그래, 엄마 말씀처럼 나는 화를 잘 내는 게 흠이야. 인물 되고, 몸 되고, 운동 되고, 성격 되고, 공부도 좀 되고……, 이렇게 모든 게 완벽한 나에게 딱 하나 아쉬운 점이 있다면 그건 잘 지내다가도 내 기분에 맞지 않거나 나를 화나게 하는 일이 있으면 참지 못하고 폭발해 버린다는 거야. 이거 하나만 고치면 딱 완벽, 그 자체인데 말이지.

아니지, 하느님은 공평하셔서 나에게 이런 흠을 일부러 하나 주신 걸 거야. 그럼, 그럼. 나에게 이런 단점이라도 없었으면 다른 친구들은 어떻게 살겠어?

엄마의 말에 대꾸를 하다 보면 날이 샐 때까지 대화가 길어지는 것을 알기 때문에 나는 엄마의 비위에 맞는 대답만 얼른 해 버리고 말을 마쳤어. 얘기가 잘 통한 것으로 생각한 엄마는 방에서 나가셨어. 휴, 상황 모면이야.

내가 엄마에게 붙잡혀 있는 동안 얼른 컴퓨터를 차지하고 앉은 동생이 나를 약 올리듯 쳐다보는 거야. 순간 녀석이 얄미워 주먹을 코앞에 내밀었다가 할 수 없이 손을 내렸어. 자식이 '엄……' 하고 엄마를 부르려고 하잖아. 아, 동생 없는 세상에서 살고 싶어!

"따르릉!"

그때 전화벨이 울렸어. 동생에게 컴퓨터를 빼앗긴 채 마루에서 텔레비전을 보고 있던 내가 전화를 받았지.

"여보세요? 선우네 집이죠?"

목소리를 듣고 단박에 알아챘지. 우진이 녀석이 웬일일까? 전화를 다 하고…….

"너, 방학 숙제 다 했냐? 나는 큰일 났다. 하나도 안 해 놨어. 독서 감상문 열 개를 언제 다 쓰냐? 다음 주면 개학인데……."

우진이는 전화기에서 김이 나올 정도로 푹 한숨을 쉬는 거야. 우진이 전화를 받고는 나도 갑자기 기운이 쭉 빠져 버렸어. 엄마가 몇 번 말했지만 들을 때마다 한 귀로 흘려 버리고 하나도 안 했거든. 다음 주부터, 아니 내일부터, 그렇게 계속 미루다 보니 방학이 거의 다 끝났어. 그러게 진작 좀 해 놓을걸. 집에는 마땅히 읽을 책도 없거든.

"나도 마찬가지야. 선생님은 이 더운 여름에 그냥 편히 쉬게 해 주지, 무슨 숙제를 또 내주냐? 어휴, 어쨌거나 일 났다, 일 났어. 어떻게 그걸 다 하지?"

정말 그래. 다른 숙제도 한꺼번에 하기 힘들지만 독서 감상문은 특히나 더 힘들어. 그냥 쓰지 말고 몸으로 때울까?

"너희 집에는 책이 많니? 우리 집에 있는 책은 예전에 벌써 다 읽고 쓴 것들이라 볼 게 없어."

"우리 집도 마찬가지야. 아, 그럼 우리 도서관 가서 일단 책이라도 빌려 올까?"

나는 오랜만에 훌륭한 아이디어를 냈어. 어차피 집에서 심심하게 있는 것보다는 숙제도 할 겸 도서관에 가서 시원하게 있는 게 좋지 않겠어? 덕분에 친구도 만나고 말이야.

"그래, 그거 좋은 생각이다. 형진이한테도 같이 가자고 전화해 볼게. 세 시까지 학교 앞에서 만나는 걸로 하자. 알았지?"

역시 우진인 나랑 생각이 잘 통한다니까. 잘됐다. 나는 책을 보는 것보다 친구들을 만나는 것이 더 기대되어 후닥닥 가방을 챙겼어. 예상대로 엄마는 도서관에 간다고 하는 말만으로도 매우 기특해하셨지. 배고프면 뭐라도 사 먹으라고 주머니에 돈까지 넣어 주시면서 말이야.

약속대로 세 시에 학교 앞에서 만난 우리들은 겨우 며칠 못 만났
는데도 그동안의 밀린 얘기를 하느라 입을 다물 수가 없었어. 게
임의 '루찌'를 얼마나 많이 모았느냐는 얘기, 누나랑 싸웠던 얘
기, 시골에 다녀온 얘기 등 버스 안에서 우리는 신나게 떠드느라
내려야 할 정거장도 지나칠 뻔했다.

2 할아버지를 처음 만나다

오늘따라 날씨가 화창하여 도서관 가는 길이 무척이나 상쾌했어. 하늘은 비 온 뒤 맑게 갠 것처럼 시원해 보였고 쨍쨍 내리비치는 햇살에 나뭇잎들은 온통 반짝이고 있었어. 나무들은 예전에 왔을 때보다 더 크고 울창해 보였지.

"예전이랑 많이 달라진 것 같다."

우진의 말에 우리는 모두 입을 모았어.

"맞아. 작년까지는 자주 왔었는데…… 못 온 지 한참 됐네."

"우리 이왕 온 김에 다른 방도 구경해 보자."

형진이의 말에 우리는 고개를 끄덕이며 도서관 안으로 들어갔어.

오랜만에 보는 도서관은 많이 달라져 있었어. 페인트칠을 다시 했는지 조금 더 깨끗해진 것 같았어. 또 건물을 많이 개조했는지 입구가 한결 환해졌더라고. 가운데에 있는, 위층으로 올라가는 계단은 그대로야. 음, 그리고 층마다 양쪽으로 연령에 맞추어 서가가 구분되어 있는 건 비슷한데, 방이 좀 더 늘어났는지 복도 저 끝까지 문들이 이어져 있었어.

우리는 조금 낯설어진 도서관을 돌아다니다 조심스레 1층 첫 번째 열람실 문을 열었어. 아, 그래. 안을 둘러보니 기억이 나. 맞아, 오른쪽으로 들어가면 과학에 관한 책들이 있고 그 너머에 세계 여러 나라 동화들이 꽂혀 있었어. 그리고 저쪽으로 돌아가면……그래 그렇지. 신간 도서를 전시해 놓은 것이 있었지.

우리는 책을 빌려 읽을 생각은 하지 않고 방마다 돌아다니며 눈에 익숙한 책과 새로 늘어난 책들을 구경하느라 정신이 없었어. 난 책 한 권을 붙들고 차분히 앉아서 읽기보다는 무슨 책들이 있나 훑어보는 것을 더 좋아하거든. 그래서 방마다 책으로 가득 차 있는 도서관은 나에겐 정말 신나는 탐험의 세계야.

이 방 저 방을 쏘다니면서 새로운 책들을 뒤적거리다 보니, 우리는 점점 더 깊숙한 곳으로 들어가게 되었어. 첫 번째, 두 번째, 세 번째……, 몇 번째 방이었는지 모르겠어.

평일이어서 그런지 워낙 사람이 적기도 했지만 도서관 안으로 들어갈수록 주변은 한산해졌고, 결국 마지막 방에 다다랐을 때는 커다란 방에 우리 셋만 있었던 것 같아.

"여긴 뭐야? 아무도 없나 본데. 이런 데가 다 있었나?"

형진이가 방 안을 둘러보며 말하자 넓은 곳이라 그런지 소리가 크게 울렸어.

"도서관에서 큰 소리로 말하면 안 돼."

우진이가 작게 소곤거렸어. 그렇지만 그 소리도 웅웅 울려서 결국 형진이가 낸 소리와 다를 바 없었어.

"야, 아무도 없는데 어떠냐, 애들아아아아! 어때에에에? 히히히 이이이……."

형진이는 장난치듯 더 큰 소리로 말했어. 마치 동굴에서 소리가 퍼지는 것처럼 울리는 게 재미있어서 우리는 낄낄거렸어.

그 방은 아주 특별했어. 내 키를 훨씬 넘는 커다란 책장들이 죽 늘어서 있었고, 책장마다 가득 들어 있는 책들은 대부분 난생처음

보는 것들이었어. 모르는 글자로 된 책들도 많았고 오래된 책들도 많았어. 그중에는 명주로 만든 두루마리 책도 있었고, 가느다란 대쪽에 알아볼 수 없는 글자가 꼬부랑꼬부랑 쓰인, 가죽 끈으로 묶은 대나무 책도 보였어.

신기해하며 한참을 두리번거리다 보니 책들 가운데 어떤 것들은 한자로 되어 있다는 것을 알게 되었어. 아이참, 이럴 줄 알았으면 학교에서 한문을 배울 때 열심히 해 두는 건데……. 그랬으면 여기 있는 책들이 무엇에 관한 책인지 알 수 있었을 텐데 말이야.

"여기 이 글자가 뭐더라? 늙을 노(老)였던가, 효자 효(孝)였던가?"

우진이가 어떤 책을 가리키며 우리들에게 물었어.

"노 아니야? 노자, 그렇게 쓰여 있는걸. 노자라면 중국의 철학자 아냐?"

형진이는 잘 아는 사람인 양 말했어.

"여기까지 들어온 아이들은 처음 보았는걸."

순간 웬 할아버지의 목소리가 들렸어. 아무도 없는 줄 알았던 우리들은 화들짝 놀라고 말았어. 우리 모두 뒤를 휙 돌아보았더니 수염이 하얗고 얼굴빛이 발그스름한 할아버지가 서 계신 거야.

"아, 죄송해요. 여기 들어오면 안 되는 곳인가요? 몰랐어요."

　우리끼리만 있다고 생각하고 큰 소리로 떠들던 우리는 어쩔 줄 몰라 했어.

　할아버지는 대답 대신 빙그레 웃음을 지으셨어. 우리는 마음이 좀 놓여서 비로소 할아버지의 얼굴을 똑바로 볼 수 있었지. 약간 구부정한 어깨에 잘생겼다고는 할 수 없는 얼굴이었지. 그렇지만 뺨이 발그스레하니 어린아이처럼 고왔고 보일 듯 말 듯 미소 띤 모습이 우리를 편안하게 만들어 주었어.

　할아버지는 헐렁하고 허름한 옷에 머리카락도 어깨에 닿을락 말락하게 자라 있어서 그리 말쑥한 매무새는 아니었어. 요즘 세상에 그런 옷차림과 머리 모양을 한 할아버지는 보지 못했거든. 그런데 그 눈동자에는 깊은 곳으로부터 흘러나오는 듯한 빛이 서려 있었고, 움직임이 여유롭고 부드러워서 여느 사람들과는 달라 보였어. 뭐랄까, 어딘지 모르게 사람을 친근하게 끌어당기는 힘이 있었지.

　나는 용기를 내어 물었어.

"할아버지는 뭐 하는 분이세요?"

그런데 할아버지는 내가 묻는 말에 대답 대신 우리를 물끄러미 쳐다보시면서 이렇게 말씀하시는 거야.

"차 한 잔 주랴?"

우리는 엉겁결에 따라나섰어. 할아버지는 미로처럼 빽빽이 늘어선 책장들 사이로 앞서 가시더니 탁자와 소파가 놓인 방으로 우리를 안내하셨지.

그러곤 전기 포트에 물을 끓여 꺼내 놓은 다기에 차를 따라주셨어. 형진이와 우진이, 그리고 나는 눈을 마주치며 살짝 웃었어. 우리 셋이 같이 갔던 여름 캠프에서 다도에 대해 이미 배웠거든.

'여자는 오른손으로 잔을 받치고 남자는 왼손으로 잔을 받친다.'

'소리를 내지 않으며 세 번 정도로 나누어 마신다.'

이 정도는 기본이지.

우리가 얌전하게 앉아 제법 그럴듯하게 차 마시는 모습을 보고는 할아버지가 말씀하셨어.

"너희들, 차 맛은 알고 마시는 거냐?"

음……, 무슨 맛이라고 해야 할지는 잘 모르겠지만 아무리 마셔도 질리지 않는 맛이라고나 할까?

"풀을 끓인 물 같은데요."

우진이가 너무 솔직하게 말하는 바람에 우리는 키득키득 웃었어. 물론 할아버지도 빙긋 미소 지으시는 것 같았어.

그런데 그때 똑똑 문 두드리는 소리가 나더니 어디서 많이 본 점잖은 아저씨 한 분이 들어오시는 거야. 어, 저 아저씨를 어디서 봤더라? 분명히 아는 얼굴인데…….

"저 아저씨, 캠프에서 봤던 그 선생님 아니야?"

형진이가 나직하게 소곤거렸어. 아, 맞아. 그러고 보니 정말 그 선생님이네. 우리 셋이 청학동 예절 캠프에 갔을 때 '예'에 대해 강연하던 바로 그 선생님! 우리 엄마가 저 아저씨의 책을 읽고 있는 것도 봤어. 교육 방송에서 특강도 하는 유명한 선생님이 여기는 웬일이지?

아마 아저씨는 미리 할아버지랑 약속을 하고 왔던 모양이야. 할아버지는 전혀 놀라는 기색 없이 아저씨를 맞이했어. 아저씨는 조심스러운 걸음걸이로 들어와서 정중하게 허리를 굽혀 인사했어.

"선생님, 안녕하셨습니까?"

엥? 우리에게 '예'에 대해 강연했던 그 전문가 선생님이 여기 계신 이 할아버지께 선생님이라고 부르다니? 아무리 봐도 할아버지가 최고로 많이 공부했다는 저 아저씨를 가르칠 정도로 뛰어나 보이지는 않은데 말이야. 우리는 고개를 갸웃거리며 두 사람을 번갈아 쳐다봤어.

"흠, 그래. 무슨 일로 나를 찾아왔나?"

"잘 아시지 않습니까? 저는 세상 사람들을 옳은 길로 이끌고자 노력한 지 오래입니다."

"자네 하던 대로 계속하면 될 터인데, 늙은이를 찾아올 일이 뭐 있누?"

어, 이상하네. 할아버지는 제일 좋은 대학에서 공부했다는 예절 학교 선생님을 왜 저렇게 퉁명스럽게 대하시지?

"저는 세상 사람들 모두가 사람다운 삶을 살아갈 수 있도록 평생을 노력해 왔습니다. 그런데도 사람들을 진정으로 변화시키는 것은 어려웠습니다. 사람이 가야 할 길이 무엇인지, 어떤 방법으로 이끌어야 하는지 선생님의 말씀을 꼭 듣고 싶습니다."

"남의 말을 잘 알아듣고 세상 돌아가는 일을 잘 살필 줄 아는 것도 좋은 일이겠지. 하지만 그렇게 하는 것이 자기 자신을 위태롭게 만들고 세상 사람들에게 헛된 명예를 얻으려 줄달음질치게 만들고 있다는 사실을 왜 모르나? 아는 것이 많고 남을 설득할 만한

논리를 갖추고 있음에도 외면당하게 되는 것은, 남의 잘못을 들추어내기 좋아하고 남을 평가하길 좋아하기 때문이네. 자네의 그 당당한 낯빛부터 누그러뜨리고 자신을 낮추도록 하게."

할아버지의 엄한 꾸짖음에 아저씨는 아무 말도 하지 못하더라고. 대신 무언가를 깨달았다는 듯이 깊이 고개 숙여 인사하고는 방을 나갔어.

하지만 난 두 분이 나눈 대화의 말뜻을 도무지 모르겠더라고. 어떻게 하면 사람들을 잘 이끌 수 있느냐고 물었는데 잘 가르칠 수 있는 방법은 일러 주지 않고 왜 나무라듯이 자신을 낮추라고 하는 거지? 자기를 낮추는 것이 다른 사람을 잘 이끄는 방법이란 말인가? 그리고 또 그런 말을 듣고 아저씨는 왜 아무 말도 없이 돌아간 것일까?

할아버지는 조금도 언성을 높이지 않았지만 어쩐지 아저씨를 야단치는 것 같은 느낌이 들었어. 그래서 나도 덩달아 할아버지가 무섭게 느껴지는 거야.

우리는 구석에 가만히 앉아 있다가 쭈뼛거리며 할아버지께 여쭤 보았지.

3 물처럼 고요한 마음

"할아버지, 아까 그분······ 유명한 선생님 아니에요?"

"맞아요. 저희들도 저 아저씨, 아니 저 선생님께 '예'에 대해 배웠어요."

"그런데 왜 그렇게 나무라신 거예요?"

우리는 봇물 터진 듯 궁금했던 것들을 줄줄이 묻기 시작했지.

"스스로 겸손해야 다른 사람의 마음을 헤아릴 수 있단다."

"겸손한 거랑 다른 사람을 아는 거랑 무슨 관계가 있는데요?"

우진이는 할아버지의 설명이 잘 이해되지 않는다는 듯 물었어.

"겸손한 마음을 지닌 사람은 물과 같단다. 물은 어디에나 부드럽게 잘 스며들고 늘 아래로 흘러가지? 사람들은 물처럼 부드럽고 아래에 있기를 좋아하는 이에게 편안함을 느끼게 마련이야. 그에게 가서 자기 이야기를 털어놓고 의지하며 호소하고 싶어 하지. 마음이, 잔잔한 물처럼 고요하다면 다른 사람의 마음을 그 모습 그대로 비추어 줄 수 있지 않겠니?"

할아버지는 정말 잔잔한 물처럼 말씀하셨어.

흠, 잔잔한 물 같은 마음이라고? 하긴 그래. 잔잔한 물에 비추어 보면 꼭 거울같이 환하게 내 얼굴이 보여. 아, 그렇지만 거울과 다른 점이 있어. 환히 비추어 주다가도 첨벙 뛰어들면 그만 내 얼굴이 온데간데없이 사라진다는 거야. 사람도 그럴까? 고요한 마음을 가진 사람 앞에 서면 내 마음이 환히 비치게 되는 걸까?

"……하긴 그럴 수도 있겠네요. 그럼 그냥 이야기를 들어주기만 하면 되는 건가요? 제 생각엔 자기가 우선 똑똑해야 다른 사람의 문제를 잘 해결해 줄 수 있을 것 같은데요?"

할아버지는 내 얼굴을 물끄러미 바라보더니 빙그레 웃기만 하셨어. 그 웃음 속엔 여러 가지 이야기가 담겨 있는 것처럼 느껴졌어.

좋은 질문이구나 하고 생각하시는 것 같기도 하고, 아직 어린아이로구나 하시는 표정 같기도 하고.

"그렇겠구나. 하지만 누군가 한 사람이 많은 사람들을 일일이 따라다니며 그들의 문제를 해결해 줄 수 있을까?"

나는 선뜻 대답할 수가 없었어. 생각해 보니 정말 한 사람이 세상 사람들을 다 쫓아다닐 수는 없잖아. 하지만 사람들이 찾아와서 물어보면 가르쳐 줄 수는 있는 것 아닐까? 그러면 사람들은 배운 대로 자신의 문제를 해결하면 될 테고…… 그러니까 선생님이 필요한 거 아니겠어?

"스스로 모범적으로 살면서 남을 가르치고 이끌면 될 거라고 생각하는 사람이 있지. 좋은 것과 나쁜 것을 사람들에게 일러 주면서 말이야. 대개 사람들은 좋은 것은 좋게만 생각하지. 하지만 이걸로 인해 나쁜 것이 생겨나는 줄은 모른단다."

"할아버지 얘기를 들으니까 좀 알 것 같아요. 엄마가 자꾸 누나만 칭찬하니까 저는 더 비뚤어지게 행동하고 싶을 때가 많거든요. 저는 나름대로 잘하려고 하는데, 엄마는 꼭 누나한테만 잘했다고 해요. 그러면 저는 누나랑 비교돼서 더 못하는 것 같아요."

형진이가 시무룩한 표정으로 말했어. 맞아, 형진이네 누나가 못하는 게 없긴 하지. 공부도 잘하고 학교에서 상장도 여러 개 타 오고 환경 글짓기에서는 장관상도 받았으니까. 그래서 형진이는 늘 그런 누나에게 치여 자기가 초라해지는 것 같다고 하며 속상한 마음에 누나와 괜한 걸로 자주 다툰다고 얘기했었어.

"저도 동생 때문에 만날 혼나요. 엄마가 동생 편만 들고, 동생에게 그렇게 대하는 건 나쁜 거라고 자꾸 말씀하시니까 점점 더 나쁜 형이 되는 것 같아요. 그래서 화가 날 때도 있어요."

나도 아까 집에서의 일이 생각나서 말을 꺼냈어.

할아버지는 턱수염을 쓰다듬으며 흠흠 헛기침을 하시더니 말씀하셨어.

"그래, 너희들도 생활 속에서 그런 것들을 느끼지 않니? 사람들은 아름다운 것을 아름답다고만 생각하지. 아름다움을 떠받드는 것이 추악함을 만들어 낸다는 것은 잘 모르는 것 같다. 어떤 한 사람이 생각하는 기준대로 좋고 나쁜 것, 아름답고 추한 것을 나누기에는 세상이 너무나 다채롭고 신비롭지 않니?"

좀 어려운 얘기였지만 할아버지의 말이 이상하게도 귀에 쏙 들어왔어. 옆에서 듣던 형진이와 우진이도 진지하게 듣는 것 같았어.

할아버지는 창문 밖으로 눈길을 돌리시더니 창을 드리운 떡갈나무 잎을 흐뭇한 눈으로 바라보셨지. 그러다 생각난 듯 말씀하시는 거야.

"사람은 살다 보면 자기가 어디에서 왔는지, 이 모든 것들은 어디에서 왔는지를 궁금해 한단다. 잎이 무성한 나무를 한번 봐라. 이 나뭇잎과 가지가 수없이 많은데 이것들은 서로 어디에서 만날까?"

그러고 보니 한 번도 그런 생각을 못했네. 나뭇잎과 나뭇잎, 그리고 이쪽저쪽으로 뻗어 나간 가지들이 서로 통하는 곳이라……, 그렇지!

"음…… 뿌리와는 다 연결이 되어 있겠지요? 뿌리에서 물과 영양분을 흡수하여 잎과 가지에 전달해 준다고 수업 시간에 배웠어요."

나는 으쓱해하며 씩씩하게 대답했어.

"그래, 이 가지에 달린 나뭇잎과 저 가지에 달린 나뭇잎은 서로 이어져 있지 않은 것 같지만 뿌리로 돌아가면 서로 통하겠지. 마찬가지로 사람들도 모두 각자 태어나 저마다의 삶을 살아가는 것 같지만, 보이지 않는 생명의 뿌리에서 서로 만날 수 있지 않겠니?"

나뭇가지와 나뭇잎들을 연결시켜 주는 것이 뿌리라는 대답은 쉽게 할 수 있었지만 생명의 뿌리라니……, 잘 상상이 되지 않았어. 여러 사람들이 나무에 달린 나뭇가지와 그 뿌리를 그려 보기도 하고, 사람들과 사람들이 서로 마음이 통해 한 가지 목표를 향해 뭉치는 모습을 생각해 보기도 했어. 하나도 분명한 것은 없었지만 그래도 이런저런 그림을 그려 보니까 막연하게나마 보이지 않는 '생명의 뿌리'를 이해할 수 있을 것 같았어.

"이 모든 것들을 생겨나게 한 것이 과연 무엇일까?"

창밖의 나무에 시선을 둔 우리를 물끄러미 바라보시더니 할아버지가 문득 물으셨어.

"……잘 모르겠어요."

우진이가 중얼거리듯 대답했지. 형진이나 나도 모르기는 마찬가지였어.

머릿속에서 생각들이 무럭무럭 피어오르지만 딱히 '그것이 무엇이다'라고 집어서 말할 수는 없었어.

"사람들은 옛날부터 사람과 동물, 산과 나무 등 이 세상의 모든 것들을 생겨나게 한 것이 도대체 무엇일까를 생각해 왔단다. 그것의 처음을 생각해 보면 까마득하게 먼 것일 수도 있고, 이 모든 것

을 다 아우른다는 점에서는 어마어마하게 큰 것일 수도 있어. 어떤 사람들은 그것을 볼 수도 없고 들을 수도 없고 잡을 수도 없는 것이라 하여 이 세상에 '없는 것'이라고 부르지만, 또 다른 사람들은 그것이 없다면 이 모든 것들이 어디서 왔을지 생각할 수 없다며 틀림없이 '있는 것'이라고 우기기도 한단다. 크고 깊고 위대하고 오묘하고 그윽하며 없기도 하고 있기도 하다고 아무리 말을 더해도 그것을 온전히 이름 붙일 수는 없거든? 그래서 어떤 사람들은 그것을 '도(道)'라고 불렀단다."

"'도'라고요?"

"그래, 바로 길이라는 뜻이란다. 우리가 '차도(車道)', '인도(人道)', '도리(道理)'라고 할 때의 '도'가 바로 길이라는 뜻이야. 길을 거쳐야 어딘가로 갈 수 있고 길을 따라가야 목적지에 도달할 수 있듯이, 그리고 생명의 뿌리를 거치지 않고 피어나는 것이 없듯이, 이 모든 것들은 그것을 거치지 않고는 존재할 수 없다는 뜻이란다. 어려운 이야기 같지만 궁금한 것을 묻는 일을 포기하지 않고 계속해서 생각해 보면 자연히 알 수 있게 된단다."

4 엄마의 엄마의 엄마의 엄마

할아버지의 이야기와 상관이 있는 건지는 잘 모르겠지만 언젠가 동생이랑 엄마가 하던 말이 갑자기 떠올랐어.

"엄마, 내가 크면 형아 되지?"

"그렇지."

"형아가 크면 삼촌 되지?"

"그럼!"

"삼촌이 크면 아빠 되지?"

"그렇지, 건우가 아주 많이 크면 아빠도 될 수 있고말고."

"아빠가 크면 할아버지 되지?"

"……그런데?"

"할아버지가 크면 뭐가 돼?"

"……."

엄마는 말문이 막혀 머뭇거리다가 이렇게 둘러댔어.

"나중에, 나중에 말이야. 할아버지가 되었다가 그보다도 더 크면 별이 돼. 좋은 일을 많이 한 사람은 하늘에 있는 별이 되어 우리를 비춰 주지. 그랬다가 다시 세상에 와. 건우는 다음 세상에도 엄마를 찾아와 줘야 돼. 다른 데 가지 말고 꼭 엄마한테 와야 돼, 응?"

그 대답이 뭔가 시원스럽지 않았던 모양인지 건우는 다시 물었어.

"내 엄마는 엄마지?"

"그럼."

"엄마의 엄마는 할머니지?"

"그래."

"할머니의 엄마는 누구야?"

"증조할머니지."

"그럼 증조할머니는 엄마의 엄마의 엄마네. 그럼 증조할머니의 엄마의 엄마의 엄마는 누구야?"

그러자 엄마는 거꾸로 건우에게 물었어.

"글쎄, 정말 엄마의 엄마의 엄마의 엄마의 엄마의 엄마는 누굴까? 건우는 누구일 것 같아?"

그때 내가 얼른 대답했지.

"나 알아, 대빵 큰 엄마!"

동생이랑 엄마랑 나눈 그 얘기를 떠올리며 난 할아버지가 말하는 도가 '아주 아주 큰 엄마'와 같은 것이 아닐까 하는 생각이 들었어. 엄마가 없으면 내가 세상에 나올 수 없었겠지? 또 엄마의 엄마가 없었다면 우리 엄마 역시 세상에 나올 수 없었을 거고. 그렇게 올라가다 보면 모든 것들이 '아주 아주 큰 엄마'를 거쳐야 하는 게 아닐까?

하지만 내 식대로 아무렇게나 상상해 본 것을 할아버지에게 되물어 볼 용기가 나지 않았어. 그래서 말없이 할아버지를 바라보기만 했지.

"사람들은 눈에 보이는 것만 알지, 보이지 않는 것은 생각할 줄 모른단다. 빈 곳이 쓸모 있다는 것을 생각해 보았니? 방의 쓸모는 빈 곳에서 나오지. 그릇도 빈 곳 없이 꽉 차 있다면 우리가 그것을 사용할 수 있을까? 사람의 마음도 그래. 마음도 잘 움직이기 위해서는 비어 있어야 한단다."

하지만 벽이 있어야 방의 빈 곳이 쓰일 수 있고 그릇이 있어야 빈 곳에 무얼 담을 수 있을 게 아니야? 그럼 할아버지가 하는 말은 눈으로 볼 수 있는 것과 볼 수 없는 것을 함께 생각하라는 뜻인가? 마음을 비워야 한다고? 마음이 그릇처럼 비울 수 있는 거야? 에구, 생각하면 할수록 머리에 쥐가 나는 것 같아.

우리는 놀려고 갔던 도서관에서 너무 어려운 말들을 듣고 난 후 머리가 아주 복잡해졌지. 우리의 그런 모습을 보면서 할아버지는 살며시 미소를 지으셨어.

"머리가 지끈거리느냐? 허허, 잘 생각하다 보면 다 알게 될 게다. 그나저나 조금 있으면 책 빌려 주는 시간도 끝날 텐데, 너희들 볼일은 다 봤니?"

아차, 우린 할 일이 있었지! 얼른 책 빌려다 감상문 써야 하는데 지금 이러고 있을 때가 아니야. 할아버지의 말에 그제야 할 일이 생각난 우리들은 허둥지둥 자리에서 일어섰어.

"차 잘 마셨습니다. 할아버지, 언제 또 차 마시러 와도 되나요?"

우진이가 인사를 드리며 말했어.

"아까는 풀 끓인 물 같다더니, 풀물이 또 마시고 싶으냐?"

할아버지의 농담에 우진이의 얼굴이 빨개졌지.

"아니, 저는 원래 풀을 좋아하거든요, 헤헤."

우진이가 겸연쩍은 듯 머리를 긁적이며 대답하는 모양에 우리 모두 하하 웃었어. 할아버지는 언제고 다시 만나면 차를 주시겠다고 약속하며 인사를 나눴지.

정말 조금 있으니 대출 시간이 마감이었어. 우리는 서둘러 어린이 열람실을 찾아갔지. 무슨 책을 골랐는지도 모르겠어. 시간이 없어서 손에 잡히는 대로 대충 골라 넣었으니까. 형진이와 우진이도 세 권씩 골라 대출 장부에 이름을 적고는 우리 모두 도서관을 나왔어.

"그 할아버지, 진짜 인자해 보이지 않았냐?"

내려오는 계단에서 형진이가 말했어.

"꼭 우리 외할아버지를 뵌 것 같은 기분이야. 할아버지가 되면 얼굴이 다 똑같아지는 걸까? 우리 외할아버지도 아까 그 할아버지처럼 참 좋게 생기셨는데."

"후유, 그런데 지금도 머릿속이 빙빙 돌아. 무슨 말인지 알 것도 같고, 모를 것도 같고……."

내 대답에 우진이가 바로 말을 이었지.

"무슨 일을 하는 분일까? 도서관 사서는 아니실 거고. 참, 아까 그 유명한 선생님도 찾아와서 야단을 맞고 갔잖아."

형진이가 고개를 갸웃거리며 의심스럽다는 듯 우리에게 물었어. 우리라고 뭐 알겠어?

"선생님의 선생님이면 아주 높은 사람 아냐? 보기에는 그냥 평범한 할아버지 같은데. 에잇, 모르겠다. 그것보다 나는 당장 숙제를 언제 다 하느냐, 그게 더 문제야."

우진이의 정확한 지적에 우리는 한숨을 푹 내쉬었지. 개학이 내일모레인데, 아! 숙제 대신 해 주는 기계 같은 건 없나?

도_만물의 궁극적인 근원

노자(老子)는 처음으로 '도(道)'라는 말을 철학적인 개념으로 사용한 사람입니다.

여러분들은 '도'라는 말에 대해 들어본 적이 있나요? 노자가 '도'라는 개념을 제시한 뒤로 중국과 우리나라와 일본 등 한자(漢字)를 사용하는 문화권에서는 시대와 지역에 얽매이지 않고 폭넓게 '도'라는 개념을 세계의 궁극적인 근원을 가리키는 이름으로 썼답니다.

세계의 궁극적인 근원이라는 말이 좀 어렵지요? 그러면 이렇게 생각해 봐요.

여러분도 어릴 적 '나는 어디에서 왔을까? 엄마의 엄마의 엄마의 엄마의 엄마……는 누굴까?'와 같은 질문을 던져 본 적이 있나요? 지금껏 많은 사람들이 이러한 의문을 가졌습니다.

앞의 질문이 위로 거슬러 올라가서 궁극적 근원을 찾는 질문이라면 옆으로 계속 넓혀 감으로써 우리들의 근원에 대해 생각해 보는 방법도 있습니다. 처음에 '너와 나의 공통점이 무얼까?'하고 묻기 시작해서 너와 나를 묶을 수 있는 것을 늘려 가다 보면 '어린이', '학생', '청년', '어른' 혹은 '여자' '남자' 라는 보다 큰 묶음이 나올 테고 그 묶음들 사이의 공통점을 다시 찾아 나가면 '사람' 이 나올 테고 '사람' 과 '사람 아닌 것들', 예를 들면 '식물', '동물', '무생물' 등까지도 다 포함할 수 있는 가장 큰 묶음을 생각하다 보면 '이 세상에 있는 것들' 어려운 말로 '존재' 라는 묶음까지도 생각해 낼 수 있겠지요. 이런 식으로 서로 별개인 것 같은 여러 가지 것들을 한데 묶어 줄 수 있는 것이 무엇일까 하는 것도 사람들의 중요한 질문 중 하나였답니다.

'도' 도 이 모든 것들을 묶어 줄 수 있는 이름이라는 점에서는 비슷한 셈입니다. 그런데 노자가 남다른 점은 이 모든 것들을 포괄하고 통하게 해 줄 수 있는 근원에는 이름을 붙일 수 없다고 생각한 데 있답니다.

'도' 라는 말을 벌써 쓰지 않았냐고요? 그래요. 노자는 '도' 라는 말을 쓰긴 했지요. 하지만 '도' 라는 이름으로 충분하다고 생각했던 것은 아닙니다. 노자는 "혼연히 이루어진 어떤 것이 있는데 그것은 천지보다도 앞서서 생겨났다. 홀로 있으면서 영원하고 두루 운행하면서도 위태롭지 않으므로 천하의 어미가 될 수 있다. 나는 그 이름을 알지 못하나 억지로 비슷한 뜻을 찾아 별명을 붙여 주듯이 '도' 라고 한번 이름 지어 본다" 라고 했습니다.

　사람이 머리로 생각할 수 있는 것은 한계가 있는데 이 세상 모든 것들의 근원을 안다고 하면 알지도 못하면서 아는 체하거나 못난이가 잘난 체하는 것이 될 뿐입니다. 그래서 노자는 '내가 도를 안다' 라거나 '나를 따르라' 고 외치는 대신, 겸손하게 자기를 낮추면서 편견을 덜어 내는 공부를 통해서 도에 가까워지려고 한 것이지요.

세상의 두 가지 모습

 세상 사람들은 모두 아름다운 것을 아름답다고만 여기지만 이 때문에
추악하다는 생각이 생겨나고, 좋은 것을 좋다고만 여기지만 이 때문에
나쁜 것이 생겨난다.

-노자

1 착한 어린이, 나쁜 어린이

나는 도서관에서 빌려 온 책 세 권에다 집에 있는 책 세 권까지 해서 감상문 여섯 개를 일단 채웠어. 한 개도 하기 힘든데 한꺼번에 여섯 개라니! 내 실력에 그렇게 해 냈다는 것을 스스로 대견해하며 어깨를 으쓱했지. 내가 누구야, 김선우! 한다면 하는 남자, 하하하!

그렇지만 아직도 네 개나 남았어. 다시 도서관에 가는 건 좀 귀찮고, 나머지를 어떻게 할까 생각하다가 문득 형진이와 우진이가 떠올랐어. 각자 다른 책들을 빌려 왔으니까 서로 바꿔서 하면 되지 않겠어? 이것을 핑계 삼아 만나서 하루 더 놀고 말이야. 역시 난 머리가 좋다니까. 나는 곧바로 형진이네 집에 전화를 했지.

"형진아, 나 선우. 독서 감상문을 쓸 만한 책이 없어서 아직 다 못 썼는데 우리 빌려 온 책 서로 바꿔서 쓰자."

"나도 어떻게 하나 싶었는데 잘됐다. 당장 우진이도 불러서 같이 갈게."

역시, 안 된다고 할 리가 있어? 우리는 죽이 잘 맞는 삼총사인데.

전화를 끊고 얼마 안 돼 둘이 우리 집으로 왔어. 정말 빠르기도 하지.

바로 내 방으로 온 우진이와 형진이는 서로 가지고 온 책들을 바닥에 펼쳐 놓았어. 대충 골라 왔는데도 제법 재미있는 책들이 많더라고.

"내가 본 것 중에 이 책이 제일 좋더라. 《나쁜 어린이표》라는 건데……."

우진이와 나는 형진이가 들고 있는 책을 살펴봤지. 겉표지부터 재미있게 생겼더라고.

"내가 먼저 볼게."

나는 형진이 손에서 얼른 책을 낚아채 펼쳐 들었지. 글자도 큼직하고 내용도 그리 많지 않아서 술술 읽혀졌지.

주인공이 건우네. 핏, 내 동생 건우랑 이름이 똑같잖아.

책 속의 건우네 반 선생님은 참 좋은 선생님이야. 그런데 아이들이 잘못하면 매를 드는 대신 노랑색 '나쁜 어린이표'를 주신대. 어쩌다 보니 건우는 새 학기 들어서 첫 번째로 나쁜 어린이표를 받는 아이가 되었어. 건우가 잘하려고 하면 할수록 일은 더욱 꼬여서 나쁜 어린이표만 자꾸 받게 되고, 결국 '착한 어린이표'와 나쁜 어린이표는 아이들을 가르고 속상하게 만들어. 나중에 건우는 나쁜 어린이표를 자기만 받는 것이 너무 분하고 억울해서 몰래 자신의 수첩에다 나쁜 선생님표를 만들어 붙이지.

책을 읽다 보니 어린이 도서관에서 만난 할아버지의 알쏭달쏭한 말이 생각났어.

'사람들은 좋은 것이 좋은 것이라고 생각하지만 이렇게 해서 나쁜 것이 생겨나는 줄은 모른단다.'

그래, 맞아! 그때는 좋은 게 좋은 거지, 왜 좋은 것 때문에 나쁜 것이 생겨난다는 거야, 하고 생각했었는데 이제야 그 말이 무슨 뜻이었는지 좀 알 것 같아. 아직까지 나쁜 어린이표를 주시는 선생님은 못 만나 보았지만, 우리들이 뭔가 잘하면 '참 잘했어요' 도장을 찍어 주시거나 예쁜 별 스티커를 주시는 선생님은 아주 많았어.

그런데 말이야. 꼭 나쁜 어린이표가 문제인 게 아니라 착한 어린이표도 아이들을 다투게 만드는 것 같아. 착한 아이를 칭찬해 주면 칭찬받은 아이만 우쭐한 것이 아니라 칭찬받지 못한 다른 아이들이 왠지 나쁜 아이인 것처럼 느껴지게 되니까 말이야. 그래서 나도 착한 어린이표를 받아야지 하고 다른 아이들과 경쟁하다 보면 건우처럼 엉뚱한 행동도 하게 되고 착한 어린이표를 받은 아이가 괜히 미워지기도 하고…….

책을 읽다 보니 3학년 1학기 때 선생님한테 야단을 맞았던 일이 새삼스럽게 떠오르네. 새로운 아이들과 어울리느라 낯이 설어 좀 긴장한 탓도 있었지만 궁금한 것을 못 참고 달려드는 내 성격 탓도 있었던 것 같아. 그리고 음, 인정하고 싶진 않지만 내가 좀 지기 싫어하고 성급하고 고집 센 면은 있지 뭐.

선생님은 궁금한 것이 생기면 자꾸 질문하고 일어나서 옆 자리에 있는 아이에게 물으러 가는 나에게 몇 번 주의를 주셨어. 그러다가 '수업 시간에 자기 차례가 돌아올 때까지 기다리기', '수업 시간에 자기 자리를 벗어나지 않기' 등의 원칙을 적은 종이를 만들어서 벽에 붙이셨어. 그런 뒤 잘 지켰다는 표시의 스티커를 열 개 정도 붙인 뒤에야 잘했다고 칭찬해 주시고 나서 그 종이를 떼셨지. 나는 그 종이를 볼 때마다 창피해서 내가 잘못했다는 생각이 들기보다는 분하고 억울하고 자꾸만 화가 났어.

아, 그리고 또 기억에 남는 1학년 때 선생님이 있었지! 선생님은 우리를 심하게 야단치시지도 않고 칭찬도 별로 요란하게 하지 않으셨어. 우리는 모두 선생님을 참 좋아했어. 선생님은 우리들이 수업 시간에 와글와글 떠들면 소리를 높이시는 대신에 목소리를 줄여 나직하게 말씀하시거나 미소 띤 얼굴로 가만히 계셨어. 그러면 우리들은 무슨 일인가 싶어 선생님을 쳐다보게 되고 그러다 보면 저절로 조용해지곤 했지.

선생님은 일주일에 한 번씩 학급 편지를 써서 집으로 보내 주셨는데 거기에는 선생님이 처음 교사 생활을 시작할 때의 이야기, 우리들에 대한 이런저런 이야기들이 담겨 있었지. 선생님은 글자를 반듯하게 쓰는 법을 일러 주시고는 연필에 끼우면 손가락에 딱 들어맞아 바르게 연필을 잡을 수 있게 하는 고무를 우리 모두에게 선물로 나누어 주셨어.

아, 1학년 때 선생님, 진짜 보고 싶다!

꼬리에 꼬리를 물고 생각을 하다 보니 도서관에서 만난 할아버지가 이렇게 말씀하시는 것 같았어.

'이제 좀 알겠니? 어떤 아이를 자꾸만 칭찬하면 친구들끼리 다투게 된단다. 잘했으면 싱긋이 웃으며 격려해 주고, 잘못했으면 스스로 잘못을 알게 해서 따뜻하게 안아 주는 것으로 충분해.'

2 친구 마음 알아주기

"벌써 다 읽었어? 그럼 나 줘."

다른 책을 보면서 순서를 기다린 우진이가 얼른 책을 가져갔어. 내가 킬킬거리며 읽으니 옆에서 어지간히 궁금했었나 봐. 우진이 도《나쁜 어린이표》를 금세 다 읽어 버렸지.

"야, 이거 진짜 우리 얘기랑 똑같은 것 같다. 우리 반 선생님은 그거 대신 하수 딱지를 주긴 하지만."

"우진이 너는 주인공 마음 백번 이해하지? 네가 하수 딱지는 거의 다 차지하니까, 안 그래? 킥킥."

형진이의 놀리는 말에 나도 웃음이 났어. 하지만 뭐 우진이만 놀릴 건 아니야. 나도 일주일에 세 번 이상은 청소를 하기 위해 남으니까 말이야. 물론 하수로 걸려서…….

"학교에서는 하수지만 이래 봬도 내가 인터넷 세계에서는 고수거든. 나보다 레벨 높은 사람? 누구야, 누구?"

우진이가 고개를 바짝 들며 잘난 체했어.

"게임 많이 한 게 뭐 자랑이냐? 다른 데서 고수를 좀 해 봐라."

솔직히 게임에서 레벨이 더 낮은 내가 심술이 나서 한마디 했어. 우진이의 대단한 게임 실력이 좀 부럽기는 했거든. 이게 다 동생 건우한테 번번이 자리를 내주다 보니 그런 거라니까.

"그 책 보고 나도 우리 교실을 생각해 봤거든. 좀 와 닿는 게 있더라."

공부도 잘하고 제법 모범생 축에 끼는 형진이가 진지하게 말했어. 우리랑 장난 잘 치고 놀기도 잘하는데 가끔 저렇게 진지한 표정을 지으면 어른 같아 보일 때가 있다니까.

"그래서 너 이걸로 감상문 썼냐? 어디 한번 보여 줘 봐."

우진이가 형진이의 공책을 얼른 집어 들었어. 안 보여 주겠다고 다시 가져가려던 형진이와 실랑이를 벌이다가 결국은 나와 우진이에게 다 읽혀 버렸지.

건우 같은 아이는 우리 곁에도 많다. 책에서는 다행히 선생님이 건우의 마음을 알아주어 잘 해결되었지만 만약에 선생님이 건우 수첩에서 '나쁜 선생님표'를 발견하지 않았다면 어떻게 되었을까? 또 만약에 선생님이 건우 수첩에서 나쁜 선생님표를 발견하고 화가 나서 건우에게 나쁜 어린이표를 한꺼번에 10개나 주었다면 건우는 어떻게 되었을까? 건우는 잘하려는 노력을 포기하고 점점 더 심술궂은 행동을 하게 되었을지도 모른다.

나는 모범생이라는 말을 자주 듣는다. 어렸을 때부터 잘한다는 말을 들으면 더 잘하려고 애썼고 못한다는 말을 듣지 않기 위해 노력했다. 그런데 요즘은 모범생이라는 말을 들으면 별로 기분이 좋지 않다. 모범생이라는 말 속에는 어른들 말씀을 고분고분 잘 듣는 아이라는 뜻이 들어 있는 것 같다. 그래서인지 모범생이라는 말을 들으면 일부러 더 그 반대로 행동하고 싶어진다.

선생님이 나쁜 것이 아니고 건우네 반 아이들을 사랑하지 않는 것도 아닌데, 건우는 자꾸 선생님이 자기만 미워하는 것 같고 진짜 나쁜 아이가 되어 가는 것 같다고 느꼈다. 선생님만 그런 것이 아니라 우리도 그렇다. 선생님이 아니니까 진짜로 나쁜 어린이표를 주진 못하지만 나도 마음속으로 친구들에게 나쁜 어린이표와 착한 어린이표를 주곤 한다. 우리 반에는 나를 귀찮게 하는 친구가 있다. 건들거리고 거친 말을 쓰는 그 친구가 이제껏 싫기만 했는데, 이 책을 읽고 나니 어쩌면 그 친구도 건우처럼 처음에는 잘하려다가 자꾸 자기 생각과는 다르게 점점 비뚤어져 갔는지도 모르겠다는 생각이 든다.

"히히, 그랬구나. 모범생 이형진!"
우리는 입을 모아 말했어.
"야, 놀리지 마."
"모범생이란 말이 어때서 그래? 근데 진짜 잘 썼다."
우진이가 정말 부럽다는 듯 칭찬했지.
"잘 쓰긴 뭘. 숙제라서 어쩔 수 없이 한 건데 뭐."
형진이는 잘 썼다는 칭찬에 기분이 좋으면서도 아무렇지 않은 척했어.
하긴 정말 그렇긴 해. 짓궂은 친구가 꼭 나쁜 면만 가지고 있는 것은 아니야. 씩씩하고 밝고 또 시원시원한 면도 있지. 짓궂게 굴 때는 귀찮지만 좋은 면을 자꾸 발견해 주면 서로 이해하고 지낼 수 있게 되는 것 같아. 어쩌면 그럴지도 몰라. 내가 에이, 하고 무시하던 친구들이 알고 보면 괜찮은 녀석들인지도…… 귀찮은 내 동생 건우도 말이야.

누가 알겠어? 우리가 뻔하다고 생각하는 일들에 사실은 다양한 모습이 있나 봐. 잘하는 사람이 잘못하는 사람을 이끌어 주기도 하지만 거꾸로 잘못하는 사람 덕분에 잘한다는 소리를 듣게 되기도 하는 거지. 또 잘잘못을 가리는 문제를 떠나서 생각해 보자고. 잘못하는 사람이 없으면 어떻게 누가 잘했는지 못했는지를 알겠어? 잘못하는 사람 덕분에 빛이 나기도 하지. 꼴등이 있어야 일등이 있는 것처럼 말이야. 잘못했다고 해서 주눅 들 일만은 아니고, 또 칭찬을 받았다고 무턱대고 우쭐대며 좋아할 일만도 아닐 거야.

"할아버지가 말하던 것이 이런 게 아니었을까?"

우진이가 문득 생각난 듯 말했어.

"왜, 있잖아, 좋은 것이 있으면 나쁜 것도 생겨난다, 그거."

아, 그러고 보니 그 할아버지의 말씀이 그런 내용이었던 것 같아. 어떤 것을 좋다고 하기 때문에 나쁜 것이 생긴다, 그런 거 말이야. 우진이와 형진이만 봐도 그렇잖아. 형진이는 만날 잘한다고 지존에 오르고 우진이는 잘못한 것만 걸려서 하수로 내려가고.

사실 나도 내 동생 건우에게 나쁜 동생표 딱지만 자꾸 붙이고 있는 건지도 몰라. 진짜로 나쁜 것이 아닐 텐데도 내가 괜히 나쁜 동생이라고 생각하는 건 아닐까? 동생 때문에 나만 혼난다고 생각했지만 그게 동생 때문만은 아닌데, 라는 마음도 들었어. 어느 땐 동생 덕분에 내가 칭찬을 들을 때도 있어. 어지럽히기만 하는 동생에 비해 내가 정돈을 좀 잘하는 편이거든. 그러니까 나쁘다고 생각한 동생이 나쁜 것만도 아니고 내가 착한 것도 아닌 거야.

"아름다운 것을 떠받들기에 추한 것이 생긴다, 할아버지가 그런 말씀도 하셨었지…… 맞아, 잘생긴 내가 있어서 네가 못생긴 얼굴이 되는 것처럼 말이야. 정말 딱 맞네? 킥킥."

우진이가 형진이를 보며 키득거렸어. 나는 우진이가 형진이에 비해 못생겼다고 생각하고 있었는데 우진이 녀석은 도리어 형진이를 놀리네.

"진짜 잘생긴 나랑 비교하면 모를까, 그 말이 어떻게 우진이 너에게 해당이 되냐?"

"야야, 농담 그만하고. 어쨌든 이 책을 보니까 그 할아버지 말씀이 좀 이해되는 것 같던데, 너희들은 안 그러니?"

형진이의 말에 우리는 장난을 그만두고 진지하게 생각해 봤어.

그래, 잘못한다고 하는 것이 꼭 잘못하는 것만은 아니지. 또 잘한다고 꼭 잘하는 것도 아니고. 나쁜 친구가 반드시 나쁜 친구인 것도 아니야. 우진이만 해도 그렇잖아. 만날 하수에 걸리는 녀석이지만 얼마나 속 깊고 좋은 친구인데…… 이 책에서처럼 선생님한테 야단맞는 친구들을 따돌릴 일이 아니라 먼저 이해해 주어야겠다는 생각도 들었어.

우리는 나머지 책들을 바꿔 읽으며 남은 감상문 숙제를 마쳤지. 발등에 불이 떨어지면 어떻게든 하게 되는 모양이야. 평소에는 하루에 한 개 쓰기도 힘든 감상문인데, 그날 우리는 나머지 모두를 채워 열 개를 다 완성했다니까. 아마 혼자였으면 계속 미루고 못했을 거야. 친구들하고 같이 하니까 힘들지 않게 할 수 있었나 봐.

어쨌거나 휴, 다행이야. 개학 전 숙제 때문에 마음이 무거웠는데 이렇게 다 끝내서 말이야.

3 사람들은 돌아가고, 꽃은 피고지고

우리 셋은 숙제를 다 마치고 밖으로 뛰어나갔어. 방학 내내 밖에서 놀았지만 이제 개학이라고 생각하니까 하루하루가 정말 아쉽더라고. 그래서 우리는 지금까지보다 더 열심히 놀았어. 이런 표현이 여기에 어울리는지는 모르겠지만, 정말 최선을 다해 놀았지.

그렇게 열심히 친구들과 노느라 어둑해진 줄도 몰랐지 뭐야.

"엄마, 다녀왔습니다. 건우야, 형아 왔다!"

동생이랑 게임이나 한판 해야지, 하면서 신나게 문을 열었는데 집안 분위기가 이상한 것 같았어. 늘 시끄럽던 건우도 웬일인지 조용하고 엄마도 심각한 얼굴을 하고 계셨지.

"엄마, 무슨 일 있어요? 집이 왜 이렇게 조용하지?"

의아한 눈으로 두리번거리며 묻자 엄마가 말씀하셨어.

"할아버지가 수술을 받으셔야 한다는구나. 좀 전에 외삼촌에게 전화가 왔었는데 백내장이 심해져서 안과 수술을 받게 되었다고. 그래서 걱정스런 마음이 드는구나."

"네? 수술이오? 그럼 할아버지 많이 편찮으신 거예요? 백내장이 무슨 병인데요?"

너무 놀란 나머지 큰 소리로 물었어.

"그렇게 놀랄 건 없어. 사람이 나이가 들면 몸의 여기저기에서 신호를 보낸단다. 오랫동안 사용했던 몸의 구석구석들이 기운을 잃으니까 말이야. 눈에 뭔가 뿌옇게 맺혀서 잘 보이지 않는 게 백내장이란 건데 수술만 하면 별 문제는 없을 거야."

엄마의 말에 일단 안심은 되었지만 이런저런 생각이 머리를 채웠어. 나이가 들면 몸에서 신호를 보낸다고? 그렇지, 할아버지도 만날 때마다 그런 말씀을 하셨어. 몸이 늙어서 이젠 마음 같지가 않다고. 내가 더 어릴 때 보았던 할아버지보다 지금 할아버지는 더 늙으셨지. 할아버지는 그렇게 점점 더 나이가 드시다가 돌아가시게 되는 걸까?

우진이의 할머니도 지난 봄에 돌아가셨지. 내가 제일 좋아하고, 나를 제일 예뻐하시던 우리 외할아버지. 다른 할머니 할아버지는 돌아가셔도, 우리 외할아버지는 영원히 나와 같이 계실 것 같았는데……

나이 들면 눈뿐만 아니라 몸 구석구석이 불편해지는 것이라는 엄마의 말씀을 들으니 나는 점점 생각이 많아졌어. 결국 '할아버지가 안 계시면 어떡하나'라고 생각하니 너무 슬픈 거야. 사람은 모두 죽는 거라지. 우리 할아버지도, 그럼 엄마도, 나도? 갑자기 그런 생각이 드니 기분이 좋지 않았어.

"결국 사람은 다 죽는 거죠?"

엄마는 갑작스런 나의 질문에 빙그레 웃으셨어. 난 심각한데…… 엄마는 나를 무릎에 앉히며 등을 토닥이셨어. 그리고는 나를 달래면서 차분하게 말씀하셨지.

"사람은 누구나 태어나면 죽게 되는 거야, 선우도 알지?"

"어차피 죽을 건데 사람은 왜 태어나야 하지?"

옆에서 듣던 건우가 불쑥 말했어. 어린 녀석이 뭘 안다고 저런 말을 다 하네?

엄마는 건우와 나를 옆에 나란히 앉히시곤 말씀하셨지.

"너희들이 태어나지 않았으면 누가 엄마를 기억해 주고 사랑해 주니? 또 엄마는 누구를 사랑하고 길러 주겠어?"

"아무리 그래도 엄마는 먼저 죽을 거잖아요."

괜히 알 수 없는 설움이 복받친 내가 불쑥 말을 해 버렸어.

"아마 그렇겠지. 그렇지만 엄마가 그렇게 금방 죽진 않아. 너희들이랑 재미있게 한참 살다가 선우, 건우가 많이 크고 나서 혼자서도 충분히 살 수 있게 된 다음에, 그리고도 오래오래 같이 살다가 죽을 텐데?"

"에잇, 아무리 사람이 100년을 산다고 해도, 100년이란 시간이 긴 시간도 아닌데…… 죽으면 모든 게 끝나는 거잖아요."

엄마 말을 들어도 알 수 없는 슬픔은 사라지지 않았어.

"선우 너 생각나니? 아직 건우가 엄마 배 속에 있을 때 말이야. 할머니 할아버지와 같이 놀러 갔더랬지?"

"언제요? 잘 기억이 안 나는데……."

"차를 타고 인터체인지를 지나느라 빙글빙글 돌아가는 도로 위

를 지날 때, 창밖을 멍하니 바라보고 있던 네가 불쑥 이러더라."

　　세상은 끝나지도 않는데
　　사람들은 돌아가고 돌아가고
　　꽃은 피고지고 피고지고

"그렇게 어린 네가 그런 말을 한 것에 우리들은 모두 너무나 놀랐었단다."

　괜히 부끄러운 기분이 들어 나는 기억 나지 않는다고 대답했지. 사실 정말 기억이 나지 않기도 했고.

　"선우야. 어른들이 돌아가시지 않으면 이렇게 소중하고 예쁜 아이들이 여기에 올 수가 없겠지? 돌아가셔야 돌아올 수도 있어. 돌아가시는 것은 슬프지만 그래야 또 돌아오게 돼. 싹이 트고 꽃이 피고 열매를 맺고는 시들어 땅속으로 들어가고, 그리고는 또 싹이 피어나 다시 자라나는 것을 이해하게 되면 이렇게 살아가는 하루하루가 얼마나 소중한지 몰라."

　"……."

　"그래, 그런 말이 쉽게 깨달아지는 것은 아니지. 엄마도 어릴 적엔 그랬어. 죽는다는 것이 무섭고, 죽지 않는다고 믿고 싶었지. 그렇지만 그렇게 믿는다고 사실이 되는 건 아니니까. 더 나이가 들어야 하고, 시간이 오래 걸리는 것이지만, 조금씩 받아들일 수 있게 될 거야."

4 시작과 끝이 있다

나는 엄마와 이런 대화를 더 길게 하고 싶지 않았어. 속에 단단한 무엇이 막혀 있는 것 같고, 막막한 곳으로 한없이 걸어 들어가는 것 같고, 자꾸만 죽음을 생각하게 되는 것이 너무 괴로웠거든.

할아버지도 엄마도 언젠가는 돌아가실 것이라는 생각, 내가 사는 것에 끝이 있을 것이라는 두려운 생각, 그런 것으로 나는 얼굴이 굳어졌고 그만 자야겠다는 생각에 일어섰어.

동생 건우 녀석은 이렇게 심각한 상황에, 언제 잠들었는지도 모르게 코를 곯고 있더라고. 어린애는 어쩔 수 없어. 수준 차이가 너무 나서 같이 놀 수가 없다니까.

엄마가 건우를 자리에 눕히고 내 이불을 덮어 주면서 옆에 나란히 누우셨어. 전에는 잠들기 전에 엄마와 얘기하는 것이 즐거웠는데 요즘 들어선 일찍 자야 한다고 하셔서 그런 적이 거의 없었거든. 그러니까 오랜만에 엄마와 누워 보는 거였지.

"뭐든지 끝은 다 안 좋아요."

문득 생각난 내가 말했지.

"그게 무슨 뜻이야?"

"보세요. 태어나는 것은 좋은데 죽는 것은 싫고, 만나는 것은 좋은데 헤어지는 것은 슬프고, 뭐든지 시작할 땐 신나는데 끝나는 것은 아쉽고……."

"그러고 보니 그런 것 같기도 하네. 그런데 끝나서 좋은 일은 없을까? 우리 한번, 끝나서 좋은 일을 찾아내 보자! 선우 먼저!"

엄마의 말에 머리를 열심히 굴렸어. 끝나서 좋은 일? 뭐가 있지?

"음, 맞다 맞아. 하나 있어요. 벌 받는 거."

"어! 우리 선우, 학교에서 벌을 많이 받아 봤나 보지? 그래, 그렇겠다. 벌을 다 받고 나면 시원하지. 엄마도 하나 생각났어. 엄마는 너희들이 밥을 다 먹었을 때가 참 좋더라."

"에이, 그게 뭐야. 너무 시시하잖아요."

"뭐가 시시해. 밥 안 먹고 살 수 있어? 얼마나 중요한 일인데. 이번엔 선우 네 차례야."

"또 있어요. 프로젝트 숙제! 지난번에 꼬박 일주일 걸려 발표할 내용을 다 만들고 나니 힘이 들긴 했지만 정말 뿌듯하더라고요. 아, 정말이네? 끝나서 좋은 것도 있긴 있구나."

끝나서 좋은 걸 생각하다 보니 우울한 기분이 좀 풀어지는 것 같았어.

"그것 봐라, 좋은 경우도 많지? 끝이 없으면 시작도 없어. 열매를 맺고 떨어져 썩지 않으면 다음 새싹을 볼 수 없듯이 꽃도 예쁘고 열매도 예쁘지만 꽃피고 열매 맺을 수 있게 거름이 되어 주는 낙엽도 예쁜 거야. 예쁜 꽃과 달콤한 열매를 사랑한다면 낙엽도 사랑해야지."

"……."

엄마 말을 들으니 기분이 좀 풀리는 것 같으면서도 또 막막한 느낌이 들었어. 엄마의 얘기는 모두 이해할 수 있는 것이었지만 그래도, 그래도 말이야, 마음이 개운해지질 않아.

아이들이 자라나지 않으면 어른이 될 수 없고, 반대로 사람이 늙어서 죽지 않으면 아이들이 생겨날 수도 없겠지? 엄마가 언젠가 죽는 것도 어쩔 수 없는 일이니 순순히 받아들이라는 것일까? 어쩐지 까마득한 곳으로 떨어지는 것 같아서 슬퍼져.

"엄마가 너무 좋아요."

난 엄마를 끌어안으면서 이렇게만 속삭였지만 사실 속으로 몇 마디 더 말하고 있었어.

'엄마 이젠 그만 이야기해요, 눈물이 나려고 해요.'

내 마음을 알았는지 엄마는 내 머리를 한번 쓸어 주시고는 잘 자라며 문을 닫고 나가셨지.

방문이 닫히고도 내 머릿속은 안개가 끼어 있는 것처럼 뿌연 것 같았어.

나는 침대에 누워 뒤척이면서 한참 동안 잠을 이루지 못했지. 이번에 외할아버지는 수술을 받고 나면 괜찮아질 것이라고 했지만 그래도 언젠가는 돌아가시겠지. 세상에 태어나는 사람 모두 다.

그때 문득 도서관에서 만난 할아버지의 말이 떠올랐어. '생명의 뿌리'라고 했던 얘기 말이야. 생명은 뿌리에서 나와 줄기와 가지를 뻗어 펼쳐 올라가잖아. 엄마가 말해 주었듯이 잎은 때가 되면 떨어지고 떨어진 낙엽은 거름이 되어 다시 새 생명으로 태어나고. 사람이 죽는다는 건 그런 게 아닐까? 뿌리와 잎사귀처럼.

나는 알 것도 같고 모를 것도 같은 이런 생각을 하면서 갑자기 철학자가 된 듯한 기분이었어. 잘은 모르겠지만 이런 게 세상일까? 아, 너무 어려워…… 나는 그만 복잡한 생각을 털어 버리려고 이불을 끌어 덮고 눈을 감았어.

선과 악은 상대적 개념

노자는 사람들이 선악을 구별하여 좋은 것, 즉 선을 내세워 칭찬하다 보면 그에 따라 나쁜 것, 즉 악도 생겨난다는 수수께끼 같은 말을 했어요. 이 말을 이해하기 위해서 두 가지로 나누어서 이야기해 볼게요.

우선 말이 가지는 특징을 생각해 볼 수 있어요. '좋은 것'은 항상 '나쁜 것'이라는 개념의 반대말이지요. 그러니 '좋은 것'이라고 말하면 '나쁜 것'이 그 밑에 깔려 있게 돼요. '나쁜 것' 없이는 '좋은 것'이 있을 수 없을 테니까요. '앞'이라는 말도 '뒤'라는 말이 없이는 성립하지 않겠지요? '위'와 '아래'도 '있음'과 '없음'도 '높음'과 '낮음'도 그래요. 생각해 보면 이 세상의 모든 말들은 그 반대 개념을 가지고 있다고 할 수 있어요. 이제 선이라는 말이 있으면 악도 생겨나게 된다는 말이 좀 이해가 가나요?

그다음으로 실제 상황에 넣어 이 말을 생각해 볼 수도 있어요. 노자의 생각을 이어받은 것으로 알려진 장자의 저서 《장자》라는 책에는 이런 이야기가 담겨 있어요. 여러분이 이해하기 쉽게 조금 내용을 바

꾸어 말하면 다음과 같아요.

어떤 효자가 부모님이 돌아가시자 너무 슬퍼서 먹지도 마시지도 못하고 울기만 하다가 굶어 죽을 정도가 되었대요. 아마 이 사람은 정말 순수하고 착한 마음으로 이렇게 되었던 것일 거예요. 그런데 이 사람이 효자라고 한번 이름이 나자 그 나라에는 부모님 초상을 치를 때마다 자식들이 굶어 죽는 풍습이 생겼대요. 게다가 삐쩍 마르거나 굶어 죽지 않으면 효자가 아니라고 비난하는 일까지 생겼나 봐요.

이것이 처음처럼 착한 마음에서 나온 것일까요? 자기가 실제로 착하지도 않은데 착한 척하는 마음, 이런 마음을 위선이라고 불러요. 그리고 착한 사람을 칭찬하다 보니 그만 못한 사람을 나쁜 사람 취급하는 것도 경우에 따라서는 부당한 일이 되지요. 그러니 선을 이야기하면 악이 생겨난다고 말하는 것도 무리는 아니겠지요?

그렇다고 오해는 하지 마세요. 선도 없고 악도 없으니 아무렇게나 행동하라거나 나쁜 행동을 하라는 뜻은 아니에요. 사람들이 선악을 가리고 시비를 다투다 보면 잘못 생각하기 쉬운 것이 있다는 사실을 일깨워, 스스로 자연스러운 행동을 할 수 있게 하기 위해서 한 말이지 아무 생각 없이 제멋대로 행동하는 사람더러 핑계 삼으라고 한 말은 아니랍니다.

노자는 우리로 하여금 생각을 한층 더 많이 하게 해요. 아마도 좋은 일을 하더라도 '내가 좋은 일을 했지' 하는 자부심이나 우월감조차 없고, 남을 도와주었더라도 내가 좋아서 도와준 것이니 상대방으로부터 대가를 바라려는 마음조차 없는 순수한 마음을 가지게 하려는 것인가 봐요.

보이지 않는 힘,
티 안 나게 하는 일

 성인은 무리 없이 일을 처리하고 말없이 가르침을 행한다.

—노자

1 나 홀로 도서관에

"뭐야, 난 떠들지 않았는데 내가 왜 하수야?"

"너 짝이랑 떠드는 거 다 봤어. 내가 그럼 괜히 이름 적니?"

하수에 올라 오늘 청소를 하게 된 민수랑 반장의 시비가 빚어 낸 소란이야.

우리 반 선생님은 2학기가 시작된 지금도 칠판에 우리 이름표를 붙이시지. 게임의 단계처럼 하수, 중수, 고수, 지존으로 구분되는데 첫 시작은 중수에서 다 같이 출발, 그날 하루 잘하는 일이 있을 때는 윗 단계로 올라가고 잘못한 일이 있을 때는 아래로 내려가는 거야. 선생님이 계실 때는 선생님 판단으로 오르락내리락 결정하시고, 선생님이 안 계실 때는 반장이 떠드는 아이를 지목해서 단계를 내릴 수 있는 권한이 있어.

아이들은 자기 이름이 올라갔다 내려갔다 할 때마다 여간 신경 쓰는 것이 아니야. 왜냐하면 마지막에 하수에 남게 되는 애들이 청소를 맡게 돼 있거든. 좋아서 청소하는 친구들이 어디 있겠어. 그러니 하수가 안 되려고 신경 쓰는 건 당연하지.

선생님의 이런 방법은 생활 태도를 좋게 하거나 더 열심히 공부하게 만드는 효과가 있기도 하지만, 좋음과 나쁨의 편을 가르는 문제, 그러니까 그때 만난 할아버지가 말씀하시던 그런 문제가 생기기도 하더라. 바로 오늘처럼 말이야.

"왜 나만 만날 지목하냐고! 너 나한테 감정 있는 것 아니야?"

휴, 거의 매일 하수에 남는 민수가 오늘은 단단히 반장에게 따질 모양이야. 자기가 잘못한 걸 먼저 생각하지 않고 말이야.

나는 청소나 해야겠다. 오늘은 나도 하수거든. 거의 지존이나 고수만을 하는 형진이는 벌써 집에 갔고, 원래 자주 남던 우진이는 웬일로 오늘 지존에 올라가 버렸어. 그래서 나와 애들 몇몇만 남았지.

빗자루를 들고 일단 먼지들을 대충 쓸기 시작했어. 원래 나도 청소 같은 건 싫어하는 성격이거든. 그렇지만 먼지가 풀풀 나는 것이 보이니까 대충 할 수가 없겠더라고. 우리가 이 먼지를 다 마시면서 공부한다고 생각해 봐. 우리 배 속이 먼지로 새카맣게 되지 않겠어? 나 자신을 위해, 그리고 우리 모두를 위해 오늘은 팔 좀 걷어붙여 봐야지.

빗자루로 다 쓸고 난 후 대걸레를 빨아서 바닥을 닦았어. 민수 녀석은 반장과 더 말할 게 없었는지 제풀에 대걸레를 들더라고. 어이구, 민수 하는 것 좀 봐. 빨지도 않은 걸레로 물만 묻히고 다니고, 영 성의가 없잖아? 그래 가지고 이 수북한 먼지들이 닦이겠냐?

억지로 대걸레나 밀고 다니는 민수를 보면서 나는 속으로 험담을 했지. 나 정도 마음가짐은 돼야 청소했다 할 수 있는 거 아니겠어? 하긴, 나 같은 완벽남이 흔치는 않으니까 나처럼 하라고 할 수야 없겠지만 말이야.

나는 더 우쭐한 기분으로 걸레를 힘주어 밀었지. 어, 그런데 저기 성연이 아니야? 쟤는 오늘 고수였는데 왜 남아서 청소하지? 손걸레를 들고 열심히 닦고 다니는 모습이 보통 정성이 아닌데? 참, 성연이도 별나다. 시키지도 않은 걸, 자기 할 일도 아닌 걸, 왜 저렇게 열심이야? 쳇, 나는 원래 모범생인 성연이가 이런 일까지 하는 걸 보고 심술이 나서 속으로 중얼거렸어. 성연이는 우리 집과 가까운 데 살고 있어서 자주 부딪히는데, 애들이 괜스레 놀릴까 봐 일부러 멀리하는 여자 애거든. 그보다는 사실 나보다 키도 크고 또 뭐든지 잘하고 착한 일만 골라서 하는 성연이 앞에 서면 내가 더 작아지는 것 같아서 더 그렇게 되더라고.

그럭저럭 청소를 끝마치고 학교를 나왔어. 물론 성연이랑 멀리 떨어져서 모른 체하고 먼저 갔지. 교실의 먼지를 보고 마음에서 우러나와 청소를 해서 그런지 하수에 걸린 게 그리 기분 나쁘지 않았어. 교실의 환경 미화에 도움이 된 것 같아서 말이지. 내가 원래부터 착한 심성을 가진 사람이거든, 히히히.

그나저나 오늘은 방과후 수업도 하루 쉬는 날이라 엄마가 옆집 아줌마네 가 있으라고 했는데…… 그 집 규현이 형은 학원에서 늦게 오기 때문에 집에도 없을 텐데 무슨 재미로? 흠, 어디 다른 데 갈 만한 곳이 없을까.

생각을 굴리는데 퍼뜩 도서관이 떠올랐어. 그래 맞아, 도서관 할아버지! 심심한 참에 거기 가면 또 알쏭달쏭한 얘기 들려주시겠지? 가서 그 야릇하게 맛있는 차도 얻어 마시고 할아버지랑 놀다

와야겠다. 역시 난 머리가 좋아, 딱 맞는 순간에 적당한 길을 찾고 말이야. 이런 게 할아버지가 말하던 도라는 것일까? 하하.

더 이상 머뭇거릴 필요가 없었다. 엄마가 혹시 필요할 때 쓰라고 넣어 주신 비상금이 있으니 당장 버스를 타자!

한 번 가 본 길이라 척척 도서관을 찾아갔지. 그런데 가만, 입구와 열람실까지는 알겠는데, 그때 할아버지를 어느 방에서 봤더라? 안쪽으로 깊이 들어간 것 같기도 하고, 나무가 높게 서 있는 숲으로 들어갔던 것 같기도 하고…… 도무지 길을 찾을 수가 없네.

나는 여기저기 돌아다니며 길을 찾아다녔어. '도야, 도야, 어디 있니' 주문을 외는 것처럼 길 도(道) 자를 불렀지. 일단 오래된 책이 가득했던 맨 끝 방을 찾기로 했어. 그런데 일주일 사이에 방을 바꾼 것도 아닐 텐데 그 방은 어디로 간 건지 온데간데없었어. 하도 방이 많아서 내가 잘 찾지 못하는 것일 거야. 그래, 처음부터 다시 시작하자. 그렇지, 정문에서 도서관 건물 뒤로 돌아가는 오솔길로 들어가면 오히려 찾기가 쉬울지도 몰라. 나는 한달음에 건물을 한 바퀴 빙 돌았지만 어느 문으로 들어가야 하는지 통 알 수가 없었어. 밖과 안이 트여 있었던 그 방으로 들어가는 문처럼 보이는 곳은 하나도 없었어.

2 좋아서 하는 일, 억지로 하는 일

하는 수 없이 터덜터덜 길을 따라 내려오고 있는데 저쪽 언덕배기에 누군가 있는 게 보였어. 그러고 보니 아까 뛰어 올라갈 때도 보았던 것 같긴 한데 그땐 입구를 찾겠다는 생각이 머릿속에 꽉 차 있어서 아무것도 눈에 들어오지 않았었나 봐. 점점 가까워지면서 옷매무새며 느긋한 움직임이며 어딘가 낯익다는 생각이 들었어.

어? 그 할아버지잖아? 후유, 이제야 찾았네. 하마터면 헛걸음하고 돌아갈 뻔했잖아. 그런데 가만, 여기서 뭘 하시는 거지? 할아버지는 나지막한 언덕 아래로 흐르는 개울에서 뭔가를 하고 계셨어. 너무 반가웠지만 달려들고 싶은 마음을 가라앉히고 일부러 천천히 걸으면서 뭘 하고 계시는지 살펴보았지.

할아버지는 낡은 작업복 같은 옷을 입고 뭔가를 줍기도 하고 또 뭔가를 옮겨 놓기도 하면서 일하고 계셨어. 지난번에 보았을 때는 도서관에서 꽤 높은 사람인 것처럼 보였는데, 이렇게 입고 계시니 일하는 아저씨인 줄 알고 못 알아보았잖아? 조금 더 가까이 가니 할아버지가 줍고 있는 것은 애들이 먹다 버린 과자 봉지, 음료수 깡통들, 그리고 깨진 병 조각들이라는 걸 알 수 있었어.

아, 이 개울이 건물 뒤를 돌아 도서관 앞에 있는 샘터까지 이어지는 물이었구나. 사람들이 여기 와서 음식을 먹고 발도 담그며 노는가 보지? 그런데 돌은 왜 이쪽저쪽으로 옮겨 놓으시는 걸까?

좀 더 자세히 보니 할아버지는 돌을 골라 제자리에 놓고 물길을 막고 있는 넓적한 돌들을 옮기고 계시는 것 같았어. 아마 사람들이 놀면서 옹기종기 둘러앉으려고 옮겨 놓았던 돌인가 봐. 그 돌들 때문에 가로막혔던 물이 자기 길대로 잘 흘러가도록 돌을 원래 있던 자리에 돌려놓고 계시는 거구나.

"할아버지!"

나는 반갑게 할아버지를 불렀어. 많이 편찮으셔서 병원에 계시는 우리 외할아버지 생각도 나면서 순간 마음이 찡하니 울렸지.

"왔구나."

할아버지는 내가 약속한 시간에 오기라도 한 듯 조금도 놀라는 기색 없이 하던 일을 계속하시면서 잠시 얼굴을 들어 빙긋 웃으셨어.

"오늘은 책이 많은 방에 안 계셨네요?"

"그래, 그날그날 상황에 따라 이런 일도 하고 저런 일도 하지."

할아버지는 쉬지도 않고 그렇다고 서두르는 기색도 없이 열심히 일만 하고 계셔서 어찌 보면 아무것도 하는 것 같지 않은데도 불구하고 척척 일이 되어 갔어.

"제가 좀 도와드릴까요?"

"아니다, 마침 일이 다 끝났구나. 자, 이제 슬슬 산책이나 해 볼까?"

할아버지와 나는 오붓하게 개울을 따라 거슬러 올라갔어.

"그동안 잘 지냈니?"

"네, 할아버지도 잘 계셨어요?"

"그래, 근데 오늘은 다른 두 친구는 같이 오지 않았구나."

"둘 다 학원에 가야 해서요, 저 혼자 왔어요. 그런데 전 사실 할아버지를 만난 후 일주일이 무척 길었어요. 머릿속도 복잡했고요."

"네가 생각이 많아질 때인 게로구나."

할아버지는 고개를 끄덕끄덕 하시면서 말씀하셨어.

"일하는 게 힘들진 않으세요?"

"좋아서 하는 일은 힘든 줄을 모르지. 그리고 쉬엄쉬엄 하는데 힘들 게 뭐가 있겠니?"

"할아버지 일하시는 모습 보니까 저 어릴 때 엄마랑 유치원 가는 길에 만난 아저씨 생각이 나요. 그 아저씨도 그랬던 것 같았어요. 그때 새벽에 눈이 왔었는데 차들마다 눈이 소복소복 쌓여 있었어요. 엄마는 절 데려다 주시면서 '그냥 두면 날이 추워 차들이 꽁꽁 얼겠네' 하셨어요. 그런데 유치원 가까이에 있는 한 아파트 단지로 들어서니까 줄지어 서 있는 차들마다 지붕이 말끔하게 되어 있는 거예요. 저쪽을 바라보니 어떤 아저씨 한 분이 싸리비를 들고 자동차 지붕이랑 자동차 문에 가득 쌓인 눈을 쓸고 계셨어요. 눈이 막 쌓인 참이라 아직 얼기 직전이었는지 빗자루가 닿는 대로 사르륵 바닥에 떨어졌어요. 지금 생각해 보면 아마 경비 아저씨였겠지요? 그런데 그 아저씨는 빠르지도 느리지도 않게 싹싹 비질을 하시는데 무슨 재미있는 일이라도 있는 듯 보였어요. 엄마가 걸음을 멈추고 한참을 바라보는 바람에 저도 덩달아 바라보았던 기억이 나요."

"즐거운 광경이었겠구나. 억지로 하는 일과 자기가 좋아서 스스로 하는 일은 다르단다. 보답을 바라고 한다면 그 일은 오래가지 못하지."

"이상해요. 할아버지를 만난 이후로는 잊어버렸던 일들이 문득문득 떠오르기도 하고 어떤 일을 골똘히 생각하느라 멍해질 때도 많아졌어요."

"그래?"

"그리고 저, 할아버지가 해 주셨던 말씀을 이제 좀 이해할 것 같아요."

"무슨 말을?"

"제일 알쏭달쏭했던 말이 그거였거든요? 사람들은 좋은 것이 좋은 것이라고만 생각하지 그로 인해 나쁜 것이 생겨나는 줄은 모른다는 말……, 이제 좀 알 것 같아요."

할아버지는 또 한 번 빙그레 웃으셨어. 그 웃음이 날 부추겨 주었는지 나도 모르게 불쑥 전에 엄마한테 들었던 이야기를 꺼냈어.

"우리 엄마는 칭찬받는 게 무척 싫었던 적이 있었대요."

"음, 그래? 그거 참 재미있는 이야기인걸?"

"칭찬받으면 자꾸 그 일을 의식하게 돼서 불편하시대요. 잘했으면 잘되었구나 하고 스스로 흐뭇하게 느끼고 그 일이 잘되어 다른 사람에게도 좋으면 그것으로 충분한데, 잘했느니 어쨌느니 이 사람 저 사람 들먹이면 자꾸 떨리고 신경 쓰이고 그렇대요. 전에 그런 이야기를 들었을 때는 속으로 '난 칭찬받으면 신나기만 하던데 뭘!' 그랬었는데 지금은 어느 정도 이해가 가는 것도 같아요. 진짜로 좋은 사이에는 칭찬도 필요 없을 때가 있거든요. 그리고 어쩔 때는 야단을 맞아도 그게 사랑으로 느껴질 때가 있는 것 같기도 하고……."

할아버지가 흐뭇한 듯 웃으시면서 말씀하셨어.

"그사이 네 생각이 많이 자랐구나."

할아버지의 칭찬에 난 더 기운이 나서 줄줄이 말을 이었지.

"그런데요, 그래서 그런지 우리 엄마는 칭찬해 줄 때도 있지만 그럴 때보다는 제가 뭘 잘못했을 때 훨씬 더 말씀을 많이 하세요. 자초지종을 조목조목 따져서 뭘 잘못했는지를 스스로 깨닫게 하려는 건가 봐요. 엄마 말씀을 계속 듣다 보면 제가 잘못했다는 생각이 들긴 하는데요, 그러면 그럴수록 거꾸로 인정하고 싶지 않은 마음이 생겨서 괴로워요. 막 소리 지르고 때리는 엄마들보다는 낫지만 그래도 어떨 땐 그냥 좀 내버려 두었으면 좋겠어요."

"잘 따지는 것이 결국 잘 따지는 것이 아니란다."

어쩐지 말이 잘나간다 했어. 내 말에 끄덕끄덕 하시기에 술술 얘기가 풀려 나왔는데 할아버지의 알쏭달쏭한 말씀에 또 걸렸지 뭐야. 무슨 그런 수수께끼 같은 말이 다 있어? 잘 따지는 것이 잘 따지는 것이 아니라고? 그럼 잘 못 따지는 사람이 잘 따지는 건가?

"정말로 잘 따지는 사람은 상대방이 순순히 그 말을 받아들이게 할 수 있단다. 엄마가 왜 따질까? 네 말대로 네가 그것을 스스로 알게 하려는 거겠지? 설마 얼마나 말을 잘하는지 자랑하려는 것은 아닐 게 아니겠니? 우리가 말을 하는 것은 의미를 전달하기 위해서란다. 의미가 전달되지 못하는데도 자꾸 말을 한다면 아무리 좋은 말도 귓등으로 흘려 버리고 마는 잔소리가 되고 말지. 때로는 네가 이야기했듯 가만히 내버려 두는 것이 뜻을 전하는 좋은 방법일 때도 있단다."

잘 따지는 게 잘 따지는 것인지 아닌지의 문제는 제쳐 놓고, 나는 왠지 내 편을 만난 기분이었어. 엄마가 나를 몰아붙일 때, 물론 내가 잘했다는 것은 아니야. 그렇지만 뭔가 궁지에 몰린 기분이

들게 되면 어떻게든 핑계를 대서 그 상황을 빠져나오려 하거나 무조건 반항하고 싶은 심정이 되곤 했거든.

그런데 할아버지 이야기를 들으면서 이쪽저쪽 입장을 바꾸어 짐작해 보니 좀 편안하게 생각할 수 있을 것도 같았어. 한편으로는 내 쪽에서 잘못을 순순히 받아들일 수 있을 것도 같고, 또 한편으로는 꼭 나만 잘못하는 것이 아니라는 생각이 들면서 오히려 엄마 입장을 이해할 수도 있을 것 같았어. 내가 잘못을 인정하지 않고 끝까지 버티니까 엄마도 어찌 할 줄 모르고 계속 맞붙어 따지게 되었던 것인가 봐. 엄마도 늘 잘하기만 하는 것은 아니로구나.

"엄마도 엄마 역할을 하면서 차츰 배워 나가다 보면 자연히 네가 순순히 받아들일 수 있게 말하는 방법을 터득하게 될 게다."

"어른도 뭘 배우고 터득해야 한단 말씀이세요?"

어른이 되면 공부가 끝나는 줄 알고 그것만 기다렸는데, 그때가 돼도 뭘 배워야 한다는 말에 놀란 내가 물었지. 어른도 공부라니!

"눈에 보이는 것을 보기는 쉽지만 보이지 않는 것을 보기는 어렵단다. 보이지 않는 뿌리를 볼 줄 알게 되기까지는 아무래도 시간이 좀 걸리지 않겠니? 나무에만 뿌리가 있는 게 아니란다. 세상에 있는 수많은 사람들을 잎사귀며 가지라고 해 보자. 사람과 사람

사이에도 서로를 통하게 할 수 있는 보이지 않는 뿌리가 있을 게 아니냐? 사람과 사람 사이에 통할 수 있는 마음을 터득하여 서로 다른 생각을 가진 사람들 사이가 소통하게 되는 것은 쉬운 일이 아니지. 몸만 어른이 된다고 지혜가 저절로 깃드는 것은 아니니까. 머리로 이해하고 나서도 실제로 그렇게 할 수 있게 되는 데까지 이르려면…… 하루아침에 될 수 있겠니?"

휴, 그래도 다행이다. 수학이나 국어 같은 걸 어른이 될 때까지 배워야 하는 건 아니니까 말이야.

3 너무 어려워요

이야기를 나누는 사이에 할아버지와 나는 개울물이 졸졸 흐르던 언덕배기를 지나 호젓한 산길로 접어들었어. 저 물은 어디서 흘러나온 걸까? 산길로 접어들기 시작하면서 이제 더 이상 물이 흐르는 것을 볼 수는 없었지만 아마 우리가 걷고 있는 이 땅속 어딘가에도 흐르고 있겠구나 하는 생각이 들었어.

"세상 사람들은 말로 모든 것들을 가르칠 수 있다고 생각하지만 세상에는 말로 가르칠 수 없는 소중한 것들이 많단다. 진실이니,

성실이니, 사랑이니, 하는 사람들이 소중하다고 생각하는 것들이 그렇지. 말로 어느 정도는 설명할 수 있을지 모르지만 결국은 많은 시행착오를 거쳐 스스로 느껴야만 알 수 있는 것들이란다."

"너무 어려워요. 처음에는 그저 말이 어려웠는데요, 생각하고 또 생각하다 보면 말은 그래도 좀 이해할 수 있게 돼요. 그런데 그것을 실제로 해 본다든지 느낀다든지 하는 것까지 생각하다 보면 정말로 어렵게 느껴져요."

하긴 나보다 7배, 아니면 8배나 더 많이 산 할아버지와 같은 수준으로 이해한다는 건 말이 안 되지. 그나마 나 정도의 이해력이 되니까 이런 할아버지와도 말이 통하는 것 아니겠어?

"삶의 실감은 말로 바꾸어 놓을 수가 없으니 그렇겠지. 도란 저 멀리에 따로 떨어져 있는 것이 아니라 우리를 포함한 세상 모든 것들이 매일매일 보여 주는 자연스러운 모습 속에서 느낄 수 있는 것이란다. 그걸 느낄 수 있게 되려면 노력이 필요하지. 나와 남을 편 가르려 하거나 무리하게 겨루려는 버릇을 버려야 하고, 사람이 우월하다는 생각에서 벗어나서 사람의 한계도 볼 줄 알아야 하고…… 사람과 자연의 관계도 생각하고, 우리가 사는 세상을 넘어 우주와 그 너머까지도 생각해 볼 수 있어야 한단다. 그러려면 아무래도 시간이 좀 걸리지 않겠니?"

오늘따라 나도 공연히 이런저런 이야기가 술술 튀어나왔지만 할아버지의 말씀도 저번보다 훨씬 자세하고 길어졌어. 여전히 할아버지 이야기 중에는 모르는 말도 많았지만 어쩐지 무슨 뜻인지 가슴으로 와 닿는 것 같기도 하고…… 우리가 사는 땅과 지구를 넘고, 우주를 넘어 도를 생각한다는 말은 공간을 자꾸자꾸 크게 더 크게 생각해 보면 상상할 수 있을 것 같기도 해.

그렇게 생각을 넓혀 가면서 사람을 중심으로 생각하는 버릇을 버리고 또 버려 가다 보면 도를 느낄 수 있게 될까? 알 듯 말 듯하긴 했지만 뭔가 찌릿하기도 한 것이 아무튼 오늘은 저번에 만났을 때와는 좀 달랐어. 우주까지 생각하다 보니 내 자신이 작아진 것 같은 느낌도 들고, 완벽남이라고 자랑하던 내 모습이 좀 부끄러운 것도 같고 말이야.

"참! 할아버지, 아까 하시던 일 말인데요……."

나는 갑자기 할아버지가 나이도 많으신데 허리를 구부리고 일하시던 모습이 생각나서 물었어.

"사람들은 아무도 모를 거예요. 할아버지가 그런 일을 하시는 줄은…… 그냥 저절로 물이 흘러가는 줄 알겠지요? 그리고 이리저리 자기들 편한 대로 돌을 옮겨 놓고도 그것 때문에 물길이 바뀌는 줄은 모를 거예요. 아마 물이 막혀서 도서관 앞 샘터가 말라 버리면 그제야 알게 되겠지요?"

할아버지는 대답도 없이 웃으셨어.

"할아버지는 왜 그런 사람들을 불러다 꾸지람하지도 않고 힘들게 혼자서 일하세요?"

"내가 좋아서 하는 일인걸. 쉬엄쉬엄 되는 대로 소일거리 삼아 하는 일이라 힘들 것도 없지, 애야. 이 세상에 얼마나 많은 것들이 태어나고 자라나고 살아가는지 한번 생각해 보렴. 어쩌면 이런 것들을 태어나게 하고 자라게 하고 살아가게 하는 무엇이 있지 않을까? 있다면 그걸 도라고 불러 볼 수 있을 텐데, 그러고 보면 도는 얼마나 많은 일을 하는 셈이냐. 하지만 도는 아무런 일거리도 만들어 내지 않고 무슨 일을 했다고 티를 내지도 않는단다. 이래라저래라 명령하지도 않지. 오로지 스스로 저마다 자기다운 모습대로 살아가게 해 주는 것이 도가 하는 일이야. 도가 하는 일은 언제나 자연스럽게 이루어지지. 사람이 하는 일도 그래. 공이 있느니 없느니 따지고, 잘했느니 못했느니 다투면서 억지로 편을 가르고 힘껏 일해야 사람들 눈에 띄지만 그렇게 해서는 끝까지 이루어지기 어렵단다. 자연스럽게 하는 일이라야 두고두고 할 수 있는 것이지."

나는 지난번에 만났을 때 도에 대해 할아버지가 하셨던 말씀이 떠올랐어. 그때 어렴풋하게나마 위로 거슬러 올라가서 생각해 낼 수 있는 가장 큰 '대빵 엄마'와 같은 존재가 도일까? 하고 상상해 보았었지.

지금 할아버지가 하신 말씀을 듣다 보니 이번에는 사람과 동물과 나무와 풀, 우리를 둘러싼 이 모든 것들이 어우러져 살면서 거쳐 가야만 하는 길과 같은 것이 아닐까 하는 생각이 드는 거야. 그런데 어쩐지 그 길은 자동차가 씽씽 달리는 쭉 뻗은 고속도로가 아니라 지금 할아버지랑 내가 걷고 있는 길처럼 이리저리 갈림길이 많은 산길일 것 같다는 생각이 들었지. 그 길에는 어떤 일들이 숨어 있을까? 그 길을 따라가면 어떤 재미난 일들이 펼쳐질까? 내 입에서는 나도 모르게 노래가 솔솔 흘러나왔어.

들을 지나 숲을 지나 고개 넘어 가는 길

들꽃들만 도란도란 새들만 재잘 재재잘

누가 누가 오고 갈까 어떤 이야기 있나

뭉게구름 흘러가고 바람만 지나가는

꼬불꼬불 오솔길 마냥 걸어갑니다

꽃들과 얘기 나누며 새들과 함께 노래 부르며

꼬불꼬불 오솔길 마냥 걸어갑니다

구름과 바람 벗 삼아 휘파람 불며 불며

"호! 고운 목소리를 가졌구나."

나는 멋쩍어서 머리를 긁적이며 헤헤 웃었어. 예전에 배운 노래인데 가사를 하나도 안 까먹었네.

"학교에서 배웠어요. 〈오솔길〉이라는 노래인데, 갑자기 왜 이 노래가 생각나지? 히힛!"

할아버지와 나는 도서관 뒷산을 한 바퀴 돌아 이제 내리막길로 접어들고 있었어. 정말 자그마한 산이구나. 그런데도 산속에서는 나무가 우거져서 바깥이 잘 보이지 않으니까 꼭 서울을 떠나 어딘가 한적한 곳에 와 있는 기분이 드네.

4 다른 사람의 마음을 내 마음속에

"그런데 할아버지, 어떻게 하면 다투지 않을 수 있을까요? 전 지는 게 싫어요. 그리고 칭찬을 받아야 그 일을 더 잘하게 되고요. 할아버지 말씀을 듣다 보니 다투는 마음 없이도 제가 좋아하는 일을 잘할 수 있다면 좋겠다는 생각이 드는걸요."

"먼저 탁해져야 한다. 그런 뒤에 서서히 맑게 하면 온갖 것들을 품고도 맑디맑은 물이 되지. 오로지 맑을 줄만 알면 못써. 그런 뒤에 편안히 오래 지켜야 생동감 넘치는 마음이 될 수 있단다."

"예? 먼저 탁해지라고요?"

할아버지가 또 아리송한 말씀을 하시는군. 후유, 또 머리가 빙글
빙글 어지러워.

"다른 색깔이 섞여 있는 물을 탁하다고 하지 않니? 나와 다른 사
람의 생각, 나와 다른 사람의 행동을 싫다고만 생각하지 말고 우선
품어 보는 거야. 그럴 경우 자기 혼자만의 마음이 아닌 다른 사람
의 여러 가지 모습이 담겨 있으니 탁하다고 말할 수 있겠지?"

"그럼 탁해지라는 말은 결국 마음을 넓게 가지라는 뜻이겠네요?
그런데 넓게 가지는 것은 어느 정도 가능할지 몰라도 여러 사람의
생각이 다 들어와 있다면 그야말로 머릿속이 뒤죽박죽이 될 것 같
은걸요."

말 그대로 내 머릿속이 뒤죽박죽이 될 것 같아 할아
버지께 여쭤 보았어.

"그런 뒤에 가라앉혀서 맑게 만들어야지.
자기를 알려면 남을 보고 있는 내 마음도
알아야 하고 남이 보는 내 모습도 알아야
하지 않겠니? 다른 사람에 대한 이해를
간직하면서도 자기 마음을 고요히 할

수 있게 되어야 비로소 맑은 마음을 가질 수 있게 된단다. 맑은 마음을 가진 사람은 얼굴도 맑단다."

맑은 마음이 얼굴에 나타난다는 말을 들으니 갑자기 우리 외할아버지 생각이 났어. 할아버지는 가끔 명상을 하신다고 방에 들어가서 한참을 가만히 앉아 계시거든. 언젠가 우리 집에 와서 며칠 계신 적이 있었는데, 처음 오셨을 때는 집에 일도 많고 농사일로 신경 쓸 것도 많고 하셔서 얼굴빛이 어두우셨어. 그런데 그날 저녁 명상을 한참 하고 방에서 나오시는데, 낮에 보았던 어두운 얼굴이 사라지고 맑은 얼굴이 되어 있는 거야. 똑같은 우리 할아버지였는데 꼭 10년은 젊어져서 나온 것처럼 얼굴이 환하고 밝아졌더라고. 그런 게 맑은 마음을 가진 얼굴이라는 게 아닐까?

참, 그리고 말이야. 속이거나 감추려는 마음도 얼굴에 나타나는 것 같아. 우리 엄마는 내가 뭘 잘못해서 감추려 하거나 비밀로 하려고 할 때면 항상 '네 얼굴에 다 쓰여 있어' 하시거든. 어쩌면 그렇게 잘 맞출까? 진짜로 어떤 마음을 담고 있느냐에 따라 내 얼굴이 저절로 참말인지 거짓말인지 표시를 해서 그런 걸까? 그래서 내가 말하지도 않았는데 엄마가 내 속을 꿰뚫어 보는 것일까?

"그렇게 넓고도 맑은 마음을 오래도록 꾸준히 지킬 수 있으면 날마다 생생하게 살아나는 마음이 될 수 있지. 살면서 어쩌다가 한 번씩 마음을 맑게 하는 사람은 많지만 꾸준히 지켜서 언제나 새로운 마음을 지니는 사람이 되기는 쉽지 않단다."

언제나 맑은 얼굴, 나도 그런 얼굴과 마음을 가질 수 있다면 잘생긴 내 얼굴이 더 돋보이겠지?

"저도 마음이 늘 새로워지는 사람이 되고 싶어요."

"그럴 수 있을 게야. 열심히 생각하고 느끼렴. 지나치던 것들을 짚어 보고, 당연하다고 생각했던 것들을 돌아보면서 걸어가다 보면 너다운 삶을 살 수 있을 거야."

그 말을 하는 할아버지 얼굴에도 환한 빛이 번져 갔어. 새삼스레 찬찬히 보니 할아버지 얼굴은 찡그리거나 노한 표정이 담긴 적이 한 번도 없었을 것처럼 해맑았어. 그래서였나 봐. 나이가 많은 할아버지인데도 거리감 느끼지 않고 처음부터 친구처럼 편안하게 대할 수 있었던 것은······.

할아버지가 생전 들어보지도 못한 어려운 이야기를 하시는데도 계속해서 궁금하고 자꾸 이야기 나누고 싶고 또 보고 싶고······ 좋은 친구처럼 말이야. 겉으로 보기에는 주름살도 많고 등도 굽은 진짜 할아버지인데도 어린아이처럼 천진하다는 느낌이 들었던 것은 할아버지 마음속에 늘 새로운 마음이 있어서일까?

벌써 해가 기울기 시작하고 있었어. 오늘은 산길을 따라 걸으면서 이런저런 이야기들을 하느라 시간 가는 줄도 몰랐네. 이대로 헤어지긴 너무 아쉬웠지만 더 이상 이야기하다가는 어두워져서야 집에 도착하겠어. 아까 할아버지가 일하고 계시던 비탈도 다 내려와서 이제는 도서관 앞으로 이어지는 길이 보였지.

"저, 늦어서 그만 가 봐야겠어요. 할아버지, 저 또 와도 되죠?"

"그럼, 언제든지!"

"그런데 다음엔 어디로 찾아오면 되지요? 오늘도 하마터면 못 찾을 뻔했단 말이에요. 지난번에 갔었던 도서관의 할아버지 방도 도무지 어디로 들어가는지 모르겠고요."

"염려 마라. 어디서든 또 만나게 될 게다. 네 마음이 가는 그곳에 내가 있을 테니……."

할아버지는 또 수수께끼 같은 말씀을 하셨어.

무위자연의 도

　노자는 억지로 하는 일, 우리 삶에 불필요한 것을 덧붙이는 일 또는 꾸며 내는 일을 인위(人爲)라고 부르며 비판했어요. 그 반대를 무위(無爲)라고 부르기도 했지요.

　무위란 아무것도 하지 않는다는 뜻이 아니라 꾸밈없고 자연스러운 행위를 말해요. 그렇다면 꾸밈없고 자연스러운 행위란 어떤 것일까요? 사실 자연스러운 행위가 어떤 것이다, 라고 한마디로 말하기는 참 어려워요. 왜냐하면 다양한 사람들이 다양한 상황에 맞춰 가지가지 행동들을 하는데 만일 특정 행위만을 자연스러운 행위라고 정해 놓고 그것을 따라하려고 한다면 그것만큼 부자연스러운 행위가 없을 테니까요.

　한 가지 예를 들어 볼까요? 몇 년 전부터 우리 사회에는 웰빙 열풍, 즉 잘 먹고 잘 살자는 바람이 불기 시작했어요. 사람의 자연 리듬에 맞는 생활 방식을 되찾고 지나치게 가공된 음식이 아닌 자연식품을 먹는 것은 물론 좋은 일이겠지요. 그런데 여러 가지 여건상 그렇게

살 수 없는 사람들도 많은데, 한 번 이러한 생활 방식이 유행을 타게 되면서 이것이 앞서 가는 생활 방식인 것처럼 선전하고 광고하다 보니 웰빙과 관련된 갖가지 상품들이 우후죽순으로 나와 비싼 값에 팔리고 있어요. 저마다 자기의 생활 속에서 적절하게 몸을 움직이고 자연스럽게 건강을 유지하는 대신, 특별한 음식을 먹고 특별한 운동을 해야만 현대인의 자격이 있는 것처럼 생각하게 되기도 하고요. 그건 좀 우스꽝스러운 일 같아요.

다른 예를 하나 더 들어 볼게요. 어떤 사람에게 보조개가 있다든지 덧니가 났다든지 하는 것은 그 사람의 자연스러운 개성이지요. 그런데 요즘 사람들은 자연스러운 것이 좋다고 하니까 일부러 덧니를 박아 넣고 보조개가 들어가도록 뺨을 꼬집는 수술을 하기도 한대요. 자연스러운 행동 혹은 모습을 내세우자 곧바로 부자연스러운 흉내 내기가 시작되는 거지요. 한쪽에서는 덧니를 교정하느라 고생을 하고 다른 한쪽에서는 덧니를 박아 넣느라 야단이라면 뭔가 잘못되어 가는 게 아니겠어요?

아마 그래서 노자는 어떤 것이 자연스러운 것이라고 말하지 않고 저마다 자기로부터 자연스럽지 않은 것, 불필요한 일들을 덜어 나가는 방법으로, 우리 모두가 나름의 자연스러움을 회복할 수 있다고 보았던가 봐요.

노자는 어떤 것이 무위자연에 맞는 행위인지 딱 정해 주지 않았어요. 대신 스스로에게서 인위적인 것을 발견했을 때 이것을 덜고 또 덜어 나가다 보면 무위에 이를 수 있다고 보았단 것이지요.

마음 다스리기

 뒤섞여 흐려진 물을 고요하게 가라앉혀 맑게 하듯, 편안하게 오래도록
유지하여 생생하게 살아나듯······

-노자

1 짝꿍 바꾸던 날

아침에 창문을 여니까 바람이 시원하게 들어왔어. 나는 일어나서 제일 먼저 창문을 열어 보거든. 바람 냄새가 어떤지, 하늘은 어떤지, 그 느낌에 따라 하루의 기분이 정해지곤 하지. 오늘은 음, 별 다섯 개! 적당히 시원하고 적당히 맑고 적당히 촉촉한 공기가 내 얼굴을 스쳤으니까 말이야.

아참, 기분 좋은 일이 또 있다. 짝 바꾸는 것! 그동안 남자 여자 짝꿍을 했었는데 내가 별로 좋아하지 않는 애랑 짝이었거든. 그런데 선생님이 이번에는 남자는 남자끼리 여자는 여자끼리 짝을 하게 해 주신다고 했어. 남자끼리 짝 하면 얼마나 편하고 재미있는데. 이왕이면 경태랑 짝이 되면 좋겠다. 짝을 바꾸고 나면 같은 교실과 같은 친구들인데도 분위기가 새롭고 신선한 기분이 들어서 나는 자리 바꾸는 날이 좋아.

그런 생각에 신나게 학교로 갔지. 애들은 벌써 와서 와글와글 떠들고 있었어. 나는 누구랑 짝이 될까?

선생님이 교실 문을 열고 들어오셨지. 선생님 손에는 커다란 상자가 하나 들려 있었어. 저 상자로 무얼 하려는 거지? 선생님은 떠드는 아이들을 조용히 시키면서 자기가 아끼는 물건 하나씩을 꺼내라고 하셨어.

"자, 선생님이 옛날 미팅 때 많이 해 봤던 추억의 방법으로 짝을 정한다. 자기 물건 하나씩 이 상자에 담도록."

아이들은 선생님의 말씀에 재미있어하며 물건들을 넣기 시작했어. 남자 홀수 번호와 여자 짝수 번호가 소지품을 넣고 나머지 남자, 여자 애들이 골라 뽑기로 했지.

"선생님도 이 방법으로 결혼을 했단다. 선생님이 고른 머리핀이 지금 아내의 것이었거든. 물건에도 그 사람의 기운이 담겨 있어서 마음이 통하면 좋아하는 친구 것을 뽑을 수 있을 게다."

"에이, 그럼 남자끼리 결혼하라고요?"

한 친구가 큰 소리로 말하자 아이들이 하하 웃음을 터뜨렸어. 남자끼리 여자끼리 짝을 고르는 건데, 선생님도 참.

"아, 그랬었지. 그냥 남자 여자 짝을 하지 그러냐? 좋잖아?"

"싫어요! 우리끼리 앉고 싶어요!"

아이들이 입을 모아 소리쳤지. '고럼 고럼' 사나이들끼리만 통하는 무엇을 여자들이 알기나 하겠어?

소란스런 가운데 물건들이 다 담겼고 나는 짝수 번호라 내 짝을 고르러 나갔지. 이왕이면 형진이와 우진이도 짝이 되면 좋겠는데. 선생님 책상에 죽 펼쳐진 것들 중에서 노란색 지우개가 눈에 띄기에 그걸 집어 들고 왔어. 이 지우개가 꼭 경태의 것이면 좋겠는데.

"자, 소지품들을 다 골랐으면 물건을 책상 위에 놓고 한 명씩 앉아라. 그리고 나머지 친구들이 자기 물건을 찾아 그 옆에 앉으면 되는 거다. 알겠지?"

노란 지우개를 책상 위에 놓고 기다리는데 왠지 긴장되더라고. 시험지를 채점하던 때처럼 말이야. 어떤 애들은 친한 녀석들끼리 짝이 되었다고 얼싸안기도 했어.

저쪽에서 형진이가 나를 보고 눈을 찡긋하는데, 그러고 보니 형진이 뒤에 우진이가 앉아 있네. 둘이 짝은 안 됐지만 앞뒤로 나란히 앉게 됐나 봐. 치, 좋겠다. 나 혼자만 뚝 떨어져 4분단 맨 끝이 내 자리가 됐는데.

친구들은 그럭저럭 다 맘에 드는지 키득키득 장난을 치고 있었어. 내 옆에는 누가 앉을까, 하면서 기다리고 있는데, 아니! 성연이가 머뭇거리며 내 옆에 서는 게 아니겠어? 이게 뭐야! 왜 남자가 아니고 성연이냔 말이야!

"오호, 유일한 남녀 짝꿍이 선우랑 성연이가 되었구나. 남자와 여자의 숫자가 딱 홀수라서 선생님이 여자 소지품 중 아무거나 하나를 집어서 남자 쪽에 두었는데, 그게 성연이 것이었네."

이건 말도 안 돼! 아무리 홀수라도 그렇지, 왜 하필 나만 여자 짝이냐고! 모두들 남자끼리 여자끼리 앉아 있는 교실에서 나만 여자랑, 그것도 키가 나보다 훨씬 큰 성연이랑 짝인 꼴이라니! 친구들의 눈이 벌써 나를 보고 킬킬대는 것 같아. 성연이는 별 말 없이 고개만 숙이고 있고. 에잇, 오늘 좋던 기분 다 날아갔어!

"선우, 성연! 잘 어울리는데. 너희들 혹시 운명의 상대 아닐까?"

민수가 내 속을 긁기라도 하듯 놀리는 거야.

"야, 너도 잘하면 선생님처럼…… 딴딴따딴 딴딴따딴!"

다른 녀석 하나가 '결혼 행진곡'을 부르며 나를 놀리니까 애들도 따라서 '딴딴따딴' 하면서 웃어 대는 거야. 나는 그만 참을 수 없이 화가 치밀어서 자리에서 벌떡 일어났지. 두 주먹을 불끈 쥐고.

"야! 너희들 그만두지 못해! 내가 일부러 골랐냐? 엉?"

그때 화가 나서 씨근거리는 내 옷을 성연이가 살짝 잡아당겼어. 그만하라는 것처럼 조용히 입을 다물고 말이야.

"헉, 벌써 내조까지? 너 짝꿍 제대로 골랐는걸, 히히."

갈수록 점점! 나는 얼굴까지 벌개져서 씩씩거렸지. 내가 이런 놀림이나 당하고 있어야 한다는 것이 억울했거든. 놀리는 녀석과 한판 붙을까, 하는 생각에 나는 주먹을 꼭 쥐었어. 전 같으면 이렇게 생각할 겨를도 없이 벌써 녀석의 턱을 한 방 날렸을 텐데, 오늘은 웬일인지 침을 한 번 꿀꺽 삼켰더니 참아지더라고. 도서관 할아버지와 얘기했던 것이 좀 도움이 된 것이었을까, 그런 생각을 하다가 퍼뜩 떠오른 것이 있었어.

다른 사람의 마음도 헤아려 보고 모두의 생각을 담은 뒤에 가라앉혀서 맑게 하라고 했지. 맞아, 할아버지와 어제 한 얘기가 그거였어. 바로 어제 끄덕거렸으면서도 하루도 안 되어 이렇게 분을 참지 못하다니. 애들이 그냥 재미로 장난삼아 놀린 것을, 나도 지금 이 입장이 아니라면 친구들과 같이 놀렸을 것이 뻔한데 말이야. 장난 잘 치는 내가 가만히 있었겠어?

그렇게 생각하니 마음이 좀 가라앉더라고. 내 입장만이 아니라 친구들의 마음도 헤아려 보면 별 게 아니잖아? 이런 것이 할아버지가 말씀하시던 그 얘기였나 봐.

친구들이 벌떡 일어섰다가 그냥 자리에 앉는 나를 이상한 듯 쳐다봤어. 분명히 달려들어 민수의 멱살이라도 잡을 줄 알았을 테니 말이야.

"날 놀리는 게 재미있으면 계속 해. 난 상관 안 할 테니까."

내가 아무렇지도 않은 듯 말하니까 친구들은 어안이 벙벙한 얼굴로 바라보다가 그만 시시해졌는지 다시 저희들끼리 떠들더라고. 옆에서 성연이가 살짝 웃었어. 옆에서 보니까 성연이도 제법 예쁜 얼굴인데, 히히.

저 멀리서 우진이와 눈이 마주쳤는데 작은 소리로 입을 달싹거리는 거야.

'선우야, 축하해.'

이렇게 말하는 것 같은데…… 녀석, 진심인지 놀리는 건지.

2 머리로 아는 것과 마음으로 아는 것

그렇게 아침의 짝 정하기 소란은 지나가고 점심시간이 되었어. 어떤 친구들은 운동장에 나가서 공을 차고 놀기도 하는데, 나랑 몇몇 친구들은 요즘 보드 게임에 빠져 있거든. 우리는 사다리 게임이나 블루마블을 하고 어떨 땐 디지몬 카드를 가지고 와서 놀기도 하지. 이래 봬도 내가 보드 게임계에서는 알아주는 선수란 말이지. 상대편에서 주사위를 굴리고 나서 그제야 한 칸 두 칸 움직일 때, 난 우리 편의 말들이 갈 수 있는 몇 가지 길을 미리 다 계산

해 놓는다고. 그러다가 주사위가 던져지면 요리조리 싹싹 순식간에 해치워 버리지. 당연히 게임마다 내가 속해 있는 우리 팀이 이길 수밖에. 아주 가끔은 빼고 말이야, 히히.

오늘 나랑 편먹은 친구들은 우리가 세 판을 내리 이기고 나니 의기양양해졌어. 이기면 진 쪽으로부터 찜해 두었던 디지몬 카드를 한 장씩 받기로 했거든. 엄마는 신용카드를 더 좋아하지만 우리들한테는 이 디지몬 카드가 제일 소중한 것이라 더 많이 가지고 싶어서 욕심을 내지. 보드 게임으로 카드 재산을 불린다니, 얼마나 짭짤한 놀이야?

그런데 우리 편 친구들이 카드 뭉치에서 자기가 좋아하는 카드를 고르고 있던 그때였어. 같이 놀던 상대편 친구들이 우르르 일어서는 거야.

"이제 너네랑 게임 안 해! 만날 너네만 이기냐?"

"이기는 게 뭐 잘못이야? 너네도 잘해서 이기면 될 거 아냐!"

"그럼 다시 편먹어. 이번엔 내 주사위로 해. 그리고 이번 판에는 한꺼번에 카드를 세 장씩 거는 거야, 알았지?"

"그래, 그러자고. 그렇다고 내가 질 줄 알아? 히히, 이번에는 한꺼번에 석 장이나 따게 생겼네."

나는 정말 신이 나서 좋아했지. 한 판에 카드 석 장이라니. 기다려, 카드 뭉치는 다 내 것이다!

그런데 이번 판은 정말 이상했어. 주사위를 아무리 굴려도 계속 작은 수만 나오니 성큼성큼 갈 수가 있어야지. 또 기껏 거의 다 가면 막판에서 미끄러지기 일쑤고. 에잇, 왜 이렇게 운이 없담. 우리가 이겨야 하는데.

속으로 조바심이 나서 주사위를 굴리는 사이 어느새 게임은 끝났고, 결국 나는 아까 땄던 디지몬 카드를 몽땅 잃었어.

조금 전까지 계속 져서 골을 내던 녀석들이 이번 판에는 이겼다고 히히덕거리며 카드를 도로 가져갔어. 치, 애써서 딴 아까운 카드를 내놓으려니 난 괜히 심술이 났어. 그래서 '에이, 나 안 해! 다신 하나 봐라!' 하는 말이 순간 입 밖으로 튀어나올 뻔했어. 그런데 아차, 싶은 마음이 들면서 할아버지가 하셨던 말씀이 생각나지 뭐야.

지금의 내 마음도 좀 전에 친구들이 안 한다고 벌떡 일어났을 때 가졌던 마음이랑 똑같구나. 아깐 저 친구들이 유치하고 우습다고 생각했는데, 나도 똑같아. 예전보다 친구들을 많이 이해하게 되었다고 생각했는데, 머리로 아는 것과 마음을 그렇게 먹는 것은 다

르구나.

그렇게 생각하니 이번에는 화가 나기도 전에 저절로 수그러드는 거야. 그리고는 카드를 잃은 것이 하나도 아깝지 않고 다시 따기 위해 더 하고 싶은 욕심도 생기지 않았어. 할아버지를 처음 만났을 때 들었던 '마음을 비어야 유연하게 움직일 수 있다'는 말씀이 혹시 이런 것일까?

"잘 놀았다. 이제 수업 시간 다 되어 간다. 우리, 정리하자."

"야! 너 왜 그래? 평소랑 좀 다르다?"

"뭘? 내일 또 놀자."

"네가 웬일이냐? 순순히 카드를 내주다니, 너 좀 사람 된 것 같은데? 하하."

친구들은 규칙을 바꾸었느니 어떻다느니 하면서 내가 좀 투덜댈 거라고 생각했던 모양이야. 예상치 못한 내 행동에 놀리듯 한마디 하더니 싱글벙글 카드를 챙겨서 자기들 자리로 돌아갔지.

남을 이기려는 마음은 어디서 오는 걸까? 게임을 일단 시작하면 누군가는 이기고 누군가는 질 수밖에 없고. 그런데도 내가 이기지 않으면 큰일이라도 날 것처럼 몰아가는 마음은 어디에서 생겨날까? 이기려는 마음이 앞설 때는 속에서 불이 올라오는 것처럼 뜨

거워져. 식히려고 해도 잘 안 될 때가 많아. 그러다가 지면 화가 나고, 화가 났을 때 놀림까지 당하면 그만 주먹이 나가 버리고 말지. 사실 이긴 사람이나 진 사람이나 서로들 재미있게 놀았잖아?

할아버지에게 좋은 말들을 들었던 덕분일까, 어째 오늘은 아무렇지도 않네. 속이 답답하지 않으니까 느긋해지고 슬슬 기분까지 좋아지려고 해. 나, 너무 착하게 변한 거 아냐?

3 학교 도서실에서 만난 노자

"엄마, 빨리빨리, 내 신발주머니 좀 주세요, 늦었어요!"

"그러게 좀 일찍 일어나서 준비하지 않고. 어제 늦게까지 책을 보더라니."

엄마는 한 소리 하시면서 신발주머니를 건네주셨어.

이번 주는 내가 주번이어서 평소보다 일찍 가야 했거든. 따라서 일주일 내내 이렇게 아침마다 바빴지. 20분만 일찍 일어나도 되는 건데, 그게 왜 그렇게 힘들까? 어쨌든 오늘이 주번을 서는 마지막 날이야. 아침마다 눈도 못 뜬 채 일어나야 하느라 힘들었던 아침도 끝이지, 휴.

짝끼리 주번을 같이 하는 것이라 나는 성연이와 한 조가 되었어. 칠판 닦기나 교실 정리는 깔끔하고 꼼꼼한 성연이가 하고, 힘센 나는 물을 떠다 놓고 걸레를 빨았지. 남자 여자 둘이 같이 하니까 좋은 점도 있더라고. 이렇게 여자가 잘하는 일, 남자가 잘하는 일을 서로 도와 가며 할 수 있으니까.

마지막 날인 오늘의 임무는 학급 문고를 빌려다 놓는 일이야. 학교 도서실에서 한 주의 마지막 날마다 책을 바꾸어 빌려다 놓거든. 어떤 책을 고르느냐는 주번 맘대로이지. 자기가 보고 싶은 것으로 다 골라 와도 돼. 그것이야말로 주번의 유일한 특권이거든.

교실 뒷정리까지 다 끝낸 성연이와 나는 도서실로 갔어. 나보다 한 뼘은 더 키가 큰 성연이와 나란히 걷는 것이 쑥스러워서 앞에서 성큼 걸었지. 성연이는 뭘 먹고 저렇게 키가 컸을까? 비결 좀 알려 달라고 할까 봐.

우리는 줄지어 서 있는 서가를 돌아다니면서 책을 고르기 시작했어. 성연이는 알아주는 책벌레였지. 나는 책을 여기저기 들추어 보면서 구경하기 좋아하는데, 성연이는 한 권을 고르면 제 자리에 앉아서 꼼꼼히 읽는 성격이더라고.

　우리는 각자 열 권씩 마음대로 고르기로 하고 따로 둘러보았어. 성연이는 뭐가 그리 망설여지는지 이 책 저 책 만지작만지작 골랐다가는 다시 꽂고, 몇 번이나 들추어 보고 고심한 끝에 한 권씩 고르더라고. 나는 내 몫으로 정해진 열 권을 손에 잡히는 대로 휙 바구니에 던져 넣고는 성연이가 다 고를 때까지 기다리며 새로 들어온 책이 뭐 없는지 두리번거렸지.

　어? 그런데 이게 뭐지? 못 보던 책이네. 보통 책보다 크기는 좀 크고 두께는 얇은, 알록달록한 책들이 바닥에 쌓여 있는 것이 눈에 띄었어. 중국 고전 시리즈라고? 거 재미있겠는데. 바닥에 가로로 쌓여 있어서 나는 고개를 옆으로 틀어 제목들을 훑어보았지. 순간 눈에 번쩍 들어오는 제목이 있었어. 바로《만화로 보는 노자 이야기》였지!

　나는 할아버지를 처음 만났던 순간처럼 묘한 흥분이 일기 시작했어. 마치 다른 세상으로 들어가는 문을 만난 느낌이랄까…….

나는 홀린 듯이 책을 집어 들었고 책 속으로 서서히 빠져 들어갔어. 책 속에는 할아버지를 만나서 들었던 수수께끼 같은 말들이 두어 쪽마다 하나씩 작은 제목으로 붙어 있었지.

'말로 표현된 도는 영원한 도가 아니다.'

'좋은 것을 좋은 것인 줄만 알면 나쁜 것이 생겨난다.'

'자기를 아는 것이 밝게 아는 것이다.'

'잘하는 일은 흔적이 남지 않으며 잘하는 말은 꾸지람도 비꼼도 없다.'

'훌륭한 다스림은 사람들이 그가 있음을 알 뿐 그가 다스린다는 부담을 느끼지 못한다.'

'마음을 다스리려면 고요한 물처럼 먼저 한껏 받아들이고 천천히 가라앉혀 맑게 한다.'

할아버지를 만나지 않았더라면 이게 통 뭔 소린가 하고 지나쳐 버리고 말았을 말들이었어. 하지만 이제는 한마디 한마디가 살아나서 마음속에서 울리는 것 같았어. 두 번밖에 만나지 않았지만 마치 오래전부터 할아버지를 알고 있었던 것 같은 느낌이야.

아, 그래. 그랬어! 할아버지는 앞으로 내가 보고 싶어 하면 늘 그곳에 계실 거랬지. 그 말을 들으면서 그럴 수 있을까 조금은 의심스러웠지만 그래도 할아버지를 다시 못 만날 거라는 생각은 들지 않았어. 할아버지가 설마 이 책에 나와 있는 그 옛날 옛적의 노자일까? 설마, 그런 건 말도 안 되잖아.

그렇다면 할아버지는 누구였을까? '노자'를 공부해서 노자와 같이 생각이 커진 사람? 흠, 할아버지 말도 알쏭달쏭하지만 할아버지도 알쏭달쏭 수수께끼 같은 분이야.

할아버지의 이야기에는 이해하기 어려운 말들도 있었지만 어떤 이야기들은 내 마음을 환히 들여다보듯이 느껴졌어. 그저 요즘 드는 생각뿐 아니라 어렸을 적 생각했던 일들까지 모두 불러내어 서로 이야기를 나누게 하는 것처럼. 그래서인지 할아버지를 만난 후로 내 생활에 변화가 생긴 것 같아. 동생을 윽박지르지 않는 것이나, 지난번처럼 친구들과 싸움이 생길 뻔한 순간에도 감정을 스스로 조절했잖아? 친구들 마음도 이해하려고 노력하고 말이야.

"저, 선우야. 이제 나, 다 골랐는데……."

조심스레 말을 거는 성연이의 목소리에 정신이 번쩍 들었어. 마치 먼 곳에 갔다가 다시 세상으로 돌아온 기분이네. 성연이는 오래도록 신중하게 고른 책들을 양팔에 들고서 미안한 표정으로 서 있었어.

"어? 그래? 응, 알았어. 잠깐만."

나는 보던 책을 들고 학급 문고를 담당하는 선생님한테 갔어. 집에 빌려 가서 찬찬히 읽어 보고 싶어서 말이야.

"선생님, 이거 빌려 가도 돼요?"

책상에 앉아서 도서 카드를 만들고 책을 분류하느라 색색의 종이를 오리고 뭔가를 써 넣던 사서 선생님이 고개를 드셨어. 그리고는 무슨 책인가 보시더니 말씀하셨어.

"어쩌지? 그건 기증 도서라서 아직 정리가 덜 끝났는데. 지금 한창 분류하는 중이야. 다음 주에 빌려 가렴."

에이, 다음 주까지 어떻게 기다린담. 하는 수 없지 뭐. 그래, 다음에 다시 할아버지를 만나면 이 책에서 본 내용도 물어봐야겠다. 할아버지도 이 책을 보셨을까? 노자에 대해 훤히 알고 계신 할아버진데, 아마 벌써 읽으셨겠지.

어쨌거나 성연이와 나는 빌린 책을 교실에 잘 정리해 놓고 같이 교문 밖으로 나왔어. 전에는 애들이 놀릴까 봐 신경이 쓰여 일부러 피해 다녔는데 이젠 그럴 필요 없어. 다들 별로 우리에게 신경 쓰지 않으니까 말이야. 짝을 하면서 같이 지낼 시간이 많아지니까 성연이가 참 괜찮은 아이라는 생각이 들더라. 자기 일만 잘하는 줄 알았는데 친구들에게 마음 써 주는 것도 여간 속이 깊지 않았 거든. 문득 그때 청소 시간의 일이 생각난 내가 물었어.

"너, 언젠가 청소 시간에 말이야, 하수도 아니면서 왜 남았었니?"

"으응, 그냥 좋아서."

성연이는 부끄러운 듯 고개를 숙이면서 말했지. 그냥 좋아서라 니? 그럼 나를?

"너 혹시, 내가 좋아서 일부러 남았다는 거야? 그래?"

"무슨 소리야! 내가 너를 왜! 아니야, 나는 그냥 교실을 깨끗하게 청소하는 게 좋아서란 말이었어. 애들이 다 같이 생활하는데 교실 먼지가 너무 많으니까 숨 쉴 때 다 들이마실까 봐, 그런 거야."

성연이가 내 물음에 고개를 들고 정색하며 말하는 거야.

피, 난 또 괜히 놀랐잖아. 아니, 사실은 좀 실망이야. 나는 은근 히 성연이가 괜찮아 보였는데, 뭐 그렇게까지 정색을 할 건 뭐람. 나 정도가 어때서!

"너 오지랖도 넓다. 하수에 걸려도 애들은 도망가는데 일부러 남 아서 청소할 건 뭐야."

조금 기분이 상한 내가 툭 한마디 했지.

"힘든 것도 아닌데 뭐. 내가 한 번 걸레질하는 것으로 애들이 모

두 좀 더 깨끗한 환경에서 공부할 수 있게 되잖아. 좋아서 하는 거
라 오히려 즐거운걸."

　성연이가 빙긋 웃으며 말하는 모습을 보니 그 마음이 참 고와 보
였어. 그러고 보니 개울물의 돌을 치우던 할아버지, 그 할아버지
의 모습을 닮은 것도 같은데.

물의 성질_무위자연의 도를 상징

노자는 세상 만물의 근원인 도의 모습을 물에 비유하였습니다. 왜 하필 물을 가지고 이야기했을까 하는 것은 여러 가지 면에서 생각할 수 있을 것 같아요.

생각해 보세요. 물은 부드럽기 그지없지만 똑똑똑 떨어지는 물방울이 바위를 뚫기도 해요. 바위와 물이 싸운다면 당연히 바위가 셀 것 같은데 말이지요. 물은 고집하지도 맞서지도 않는 것 같지만 그 부드럽고 약한 물방울이 단단한 바위에 구멍을 낸다…… 이처럼 물은 앞에서 무엇이 가로막으면 맞서는 대신 옆으로 돌아가고 가장 낮은 데로 향하며 어디에나 쉽게 스며드는 성질을 가지고 있지요.

노자는 이러한 물의 성질을 곰곰이 미루어 보아 만물의 근원이면서 만물에게 간섭하지도 않고 명령하지도 않는 무위자연의 도를 이해하는 데 도움이 될 거라고 생각했던 것 같아요.

그뿐만이 아니에요. 물은 부드럽고 약하고 자신을 낮추고 남에게 잘 스며드는 성질을 가지고 있기 때문에 흘러 나가서 샘도 이루고 큰 강

물이 되기도 하며, 모든 것을 포용하는 바다도 되지요.

여러분은 누군가에게 화가 났다든지 일이 잘 되지 않아 속상하다든지 해서 마음속이 우당탕거리는 기분을 느껴 본 적이 있나요? 아니면 자신이 옳다는 생각에 사로잡혀 친구들의 행동이 모두 못마땅하다고 생각해 본 적이 있나요?

노자는 우리들이 노력하면 너그럽고 편안한 마음을 가질 수 있다고 생각했던 것 같아요. 그런데 마음이 커지려면 내 마음을 크게 만드는 것이 우선이 아니라, 나와 생각이 다른 의견을 받아들이는 것이 먼저래요. 다른 사람들의 생각을 받아들이려고 하다 보면 나와 다르니까 우선은 뒤죽박죽으로 느껴지고 뭐가 옳고 뭐가 그른 것인지 분간하기 어렵겠지요? 하지만 일단은 받아들인 후 흥분을 가라앉히고 곰곰이 생각해 보세요. 처음부터 다툴 필요가 없었구나 싶기도 하고 내 생각이 짧았던 점을 발견하게 되기도 하지요. 그러는 가운데 뒤범벅 되었던 마음이 맑아져요. 이렇게 마음을 조금씩 다스려 가다 보면 차츰 너그러운 마음과 차분히 생각할 수 있는 힘이 생겨나지요.

아마 여러분도 머리로는 알았다고 생각했는데 행동으로 옮겨지지 않는다든지, 알긴 알겠는데 받아들이기 싫은 마음이 남아 있다든지 할 때가 있을 거예요. 그럴 때 노자 할아버지의 이야기를 생각하면서 자기 마음을 한번 잘 들여다보세요.

에필로그

"선우야, 텔레비전에서 지금 아주 좋은 프로그램을 하는데 같이 보지 않을래?"

엄마가 방문을 열고 말씀하셨어. 엄마가 얘기하는 좋은 프로그램이란 무슨 다큐멘터리거나 아니면 토론, TV 특강 같은 거겠지. 유익할지는 모르겠지만 분명히 지루하고 재미없을 거야.

"무슨 내용인데요?"

썩 내키지는 않았지만 책도 별 재미가 없어 혹시나 하고 물어봤지.

"노자의 철학에 관한 건데 아주 재미있고 쉽게 설명하는구나."

노자라는 말에 내 귀가 번쩍 뜨였어. 전 같으면 그런 건 아예 알려고도 하지 않았을 텐데 그동안 들은풍월이 있는지라 마치 내가 잘 아는 것처럼 친근했지.

엄마는 내가 당연히 이번에도 거절하리라 생각하고 한번 말해 본 건데 순순히 일어서서 텔레비전 앞으로 가니까 놀라신 것 같았어.

"이제 저도 어린애가 아니잖아요. 어른이 되려면 그 정도 철학은 알아야 하지 않겠어요?"

능청스런 내 말에 엄마가 피식 웃으며 옆에 나란히 앉았지.

"저기 저 교수님이 노자를 평생 연구한 학자야. 지금은 명예 교수를 하면서 대학에 가끔 출강하고, 주로 도서관에서 사신단다. 책 보는 것이 제일 좋다고 하시면서 말이야."

아니! 텔레비전에 나온 그 교수님의 얼굴을 보며 내 눈이 커다래졌어. 엄마의 말을 듣는 둥 마는 둥 화면 바로 앞에까지 가서 다시 한 번 자세히 봤지. 맞아, 분명히 그 할아버지야, 도서관에서 만난 그 할아버지!

"엄마, 뭐라고요? 저 할아버지가 누구라고요? 엄마도 잘 알아요?"

"할아버지라니, 이 녀석도 참. 철학자 중에서도 아주 존경받는 유명한 교수님이라니까. 엄마도 저 교수님의 강의를 학교 다닐 때 들었었는데 얼마나 멋지게 수업하시는지. 더구나 태도도 아주 반듯하셔서 모두들 존경했단다. 지금은 좀 나이 드셨지만 그래도 인자한 얼굴은 그대로구나."

역시 저 할아버지는 보통 할아버지가 아니었어. 내가 저렇게 유명한 교수님과 친하게 대화를 했었다니. 이 사실을 알면 엄마도 무척 놀라실걸?

"참, 선우 너, 예절 학교 갔을 때 강연한 선생님 있잖니, 그 선생님이 수업하신다기에 너를 거기 가게 한 건데, 그 선생님이 바로 저 교수님 제자란다. 엄마가 학교 다닐 때 그 선생님도 엄마와 같이 공부했었거든. 졸업 후에도 교수님에게 가르침을 받아서 그 선생님도 그렇게 유명해지게 된 거야. 참 훌륭하고 좋은 스승이었지."

엄마는 학교 다닐 때의 생각이 나는지 묻지도 않는 말을 계속해 주었어. 그런데 엄마 말 속에 궁금했던 의문의 해답이 모두 있었지 뭐야. 우리가 도서관을 처음 찾아갔을 때 야단을 쳐서 보냈던 그 선생님이 제자였다는 것, 그리고 할아버지가 훌륭한 학자였다는 것.

그래, 그러니까 그렇게 되는 거였어. 어쩐지 이 사실을 형진이와 우진이에게 말하면 깜짝 놀라겠지? 녀석들의 놀란 표정이 너무 궁금해지는데.

어쨌거나 우린 아주 운이 좋았어. 저렇게 유명한 학자에게 공짜로 수업을 들었잖아? 그것도 차까지 얻어 마시면서 말이야, 하하하.

통합형 논술
활용노트

01 다음 글은 도서관에서 만난 할아버지가 선우와 친구들에게 해 준 말입니다. 다음 글을 읽고 할아버지의 말이 무슨 뜻인지 생각해 보고, 또 여러분도 이와 비슷한 경험을 한 적이 있는지 생각해 봅시다.

> 스스로 모범적으로 살면서 남을 가르치고 이끌면 될 거라고 생각하는 사람이 있지. 어떤 것이 좋은 것이고, 그 반대는 나쁜 것이라고 사람들에게 일러 주면서 말이야. 대개 사람들은 좋은 것이 좋은 것이라고 생각하지만 그렇게 해서 나쁜 것이 생겨나는 줄은 모른단다.

02 노자는 좋은 것과 나쁜 것을 구분하는 것은 옳지 않으며 선과 악은 없는 것이라고 했습니다. 그렇다면 아무렇게나 행동해도 되는 걸까요? 이러한 노자의 말이 무슨 뜻인지 생각해 봅시다.

03 이 글에서 나온 도(道)란 무엇인가요? 생각나는 대로 적어 봅시다.

04 다른 사람의 행동을 무조건 싫어하지 않고 마음을 넓게 가지라는 말을 할아버지는 탁한 물에 비유해서 설명했습니다. 여기서 말한 탁한 물은 무슨 뜻일까요?

05 노자는 인위(人爲)적인 것을 반대하고 인위의 반대를 무위(無爲)라고 부르기도 했습니다. 무위란 무슨 뜻이고 어떤 것을 무위라고 부를 수 있을까요?

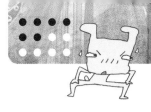

06 할아버지는 노자의 이야기를 하면서 물 이야기를 많이 했습니다. 도를 물의 모습과 비유하기도 했는데요, 물의 어떤 점이 도에 비유된 것일까요? 물과 도의 모습을 비교해 생각해 봅시다.

통합형 논술
문제풀이

문제풀이

01 좋은 것이 있으면 그와 대비되는 나쁜 것이 있고, 아름다운 것이 있으면 그와 반대되는 추한 것이 생겨난다는 것입니다. 즉, 원래부터 좋고 나쁜 것이 구분되어 있는 것이 아니라 인위적으로 구분하는 것이며 노자는 이러한 인위적인 구분을 옳지 않다고 보았습니다. 좋고 나쁜 것, 아름답고 추한 것을 나누기엔 세상은 너무 다양하고 신비롭다는 것이 노자의 사상입니다.

이러한 인위적 경험은 누구에게나 있을 것이라 생각합니다. 이 글의 형진이나 선우처럼 집에서 누나와 동생, 형과 동생을 비교하거나, 학교에서 모범생과 문제 학생으로 구분해서 칭찬하고 벌을 주는 것 등이 이에 해당된다고 할 수 있습니다.

02 선도 없고 악도 없으니 함부로 행동하거나 나쁜 짓을 해도 된다는 뜻은 아닙니다. 이 말은 사람들이 선악을 가리고 시비를 다투다 보면 서로 잘못 생각하기 쉬운 것들을 일깨울 수 있고, 사람들 스스로 자연스러운 행동을 할 수 있게 하기 위해 한 말입니다. 결코 아무 생각 없이 제멋대로 행동하는 사람들이 노자의 사상을 변명거리로 삼으라고 한 말은 아닙니다.

이렇게 좋은 것과 나쁜 것을 구분하지 않는 노자의 사상은 우리에게 생각을 한층 더 많이 하게 합니다. 좋은 일을 했더라도 내가 좋은 일을 했다는 자부심이나 우월감을 가지지 않고 자연스럽게 생각하는 것이야말로 진정으로 노자의 사상을 이해하는 것이 될 것입니다.

03 크고 깊고 위대하고 오묘하며 그윽하고 없기도 하고 있기도 하다고 말할 수 있는 것, 아무리 말을 더해 보아도 온전히 이름을 붙일 수 없는 것을 바로 '도'라고 합니다. '도'의 한자를 보면 길(道)이라는 뜻입니다. '차도', '인도', '도리'라고 할 때의 '도'가 바로 길이라는 뜻입니다. 길을 거쳐야 어딘가로 갈 수 있고, 이 생명의 뿌리를 거치지 않고 피어나는 것이 있을 수 없듯 모든 것이 그것을 거치지 않을 수 없다는 뜻입니다.

04 다른 색깔이 섞여 있는 물을 탁하다고 합니다. 이것을 나의 마음과 접목시켜 나와 다른 사람의 생각, 나와 다른 사람의 행동을 싫다고 생각만 하지 말고 우선 품어 보는 것입니다. 자기 혼자만의 마음이 아닌 다른 사람의 여러 가지 모습이 담겨 있으니 이것을 물처럼 탁하다고 할 수 있는 것입니다. 이렇게 내 마음과 다른 사람이 보는 내 모습을 모두 이해하고 자기 마음을 고요히 할 수 있게 된 후에 비로소 맑은 마음을 가질 수 있는 것입니다.

05 우리 삶에 불필요한 것을 덧붙이는 일, 꾸며 내는 것을 인위라고 하며, 무위는 꾸밈없고 자연스러운 행위입니다. 인위를 반대하고 무위를 주장했던 노자는 어떤 것이 자연스러운 것이라고 말하지 않고 저마다 자기로부터 자연스럽지 않은 것, 불필요한 일들을 덜어 나가는 방법으로 우리 모두가 나름의 자연스러움을 회복할 수 있다고 생각했습니다. 그래서 노자는 어떤 것이 무위자연에 맞는 행위인지를 딱히 정하지 않은 대신 스스로에게서

인위적인 것을 발견했을 때 이것을 덜고 또 덜어 나가다 보면 무위에 이를 수 있다고 보았습니다.

06 물은 아무 힘이 없어 보이지만 한 방울의 물이 바위를 뚫기도 합니다. 또한 물은 가장 낮은 데로 향하며 어디에나 쉽게 스며드는 성질을 가지고 있습니다. 그리고 물은 부드럽고 약하고 자신을 낮추고 남에게 잘 스며드는 성질을 가지고 있기 때문에 샘도 이루고 큰 강물이 되기도 하며 모든 것을 포용하는 바다가 됩니다. 이러한 물의 성질은 만물의 근원을 상징하는 것으로, 만물에 간섭하지도 않고 명령하지도 않는 무위자연의 도와 닮아 있습니다.